◎ 大众创业必读 ◎

NEW
COMPANY
FINANCIAL MANAGEMENT

——

一看就懂的
新公司财务管理
全 | 图 | 解

罗春秋◎编著

中国铁道出版社有限公司
CHINA RAILWAY PUBLISHING HOUSE CO., LTD.

内 容 简 介

本书内容涉及新手创业过程中财务问题的各个方面，循序渐进地讲解了新公司财务入门的三大方面：会计、出纳和缴税。

本书共 10 章，其主要内容有：开公司前的财务准备、新公司这样开启会计之门、新公司财务之基石——会计凭证、新公司账簿知多少、新公司如何建账、新公司盈利了吗——看四大报表、会计的小伙伴——出纳、谁向银行报到——新公司出纳、交税务好友——新公司上税及新公司老板必懂的财务。

全书着重立足于实践操作，以了解财务、建立账目、看懂账目为私营业主规划了一张思路清晰的流程图，引导人们用更轻松、更简单、更实用的方式来了解企业的财务，特别是属于新公司的财务。

本书适合于想要看懂财务却暂时没找到入门捷径的创业人士和公司管理人员，以及希望通过本书初步了解新公司财务入门的私营业主。

图书在版编目（CIP）数据

一看就懂的新公司财务管理全图解 / 罗春秋编著. —北京：
中国铁道出版社，2016.5（2022.1 重印）
（大众创业必读）
ISBN 978-7-113-21422-7

Ⅰ.①一… Ⅱ.①罗… Ⅲ.①公司-财务管理-图解
Ⅳ.①F276.6-64

中国版本图书馆 CIP 数据核字（2016）第 030723 号

书　　名：大众创业必读：一看就懂的新公司财务管理全图解
作　　者：罗春秋

责任编辑：张亚慧　　　编辑部电话：(010)51873035　　　邮箱：lampard@vip.163.com
封面设计：MXK DESIGN STUDIO
责任印制：赵星辰

出版发行：中国铁道出版社有限公司（100054，北京市西城区右安门西街 8 号）
印　　刷：佳兴达印刷（天津）有限公司
版　　次：2016 年 5 月第 1 版　　2022 年 1 月第 7 次印刷
开　　本：700mm×1 000mm 1/16　印张：16.75　字数：327 千
书　　号：ISBN 978-7-113-21422-7
定　　价：48.00 元

版权所有　侵权必究

凡购买铁道版图书，如有印制质量问题，请与本社读者服务部联系调换。电话：(010)51873174
打击盗版举报电话：(010)63549461

在商业蓬勃发展的当今社会中，不少人都有这样的想法：与其为别人打工不如自己当老板。有一定经济基础后，很多人会选择创业，私营业主越来越多，这部分人却不一定清楚开公司过程中需要怎样的财务准备，如何建立属于自己的账目，甚至如何看懂企业的账目及如何缴税等问题，这些都是创业者应该了解和掌握的。

于是，我们针对这部分人群专门策划了这本《大众创业必读：一看就懂的新公司财务管理全图解》。本书立足于"切实可用"这一前提，从开公司前的财务准备、财务基础知识介绍，循序渐进地讲解怎样建立一套属于自身公司的账目，帮助读者即学即用，短时间内成为胸有成竹的财务通。

本书内容

本书共 10 章，结合图示、图表对财务知识进行专业而深入的讲解，详尽有序地将财务准备、财务基础知识了解、建立公司账目、看懂公司的账目介绍给读者。

第 1 章 主要对企业财务入门的准备进行简单的介绍，包括财务制度、财务部门、财务人员设置与选择、财务用品的准备等。

第 2 章 主要介绍会计入门的一些基础知识，如会计科目、会计账户、会计等式、会计的记账方法和会计入门等。

第 3 章 主要介绍作为会计基石的凭证，包括原始凭证和记账凭证两大类，以及两大类下的小分类。

第 4 章 主要介绍如何设置与登记账簿、查出错账的三大方法、登记账簿时需要注意的问题等。

第 5 章 主要介绍如何根据企业的实际情况建立一套本企业的账目。

第 6 章 主要介绍如何看懂新公司的报表。

第 7 章 主要介绍出纳人员的基本工作、出纳工作中常遇到的问题、出纳工作的小技巧等。

第 8 章 主要介绍出纳人员在与银行打交道的过程中常做的工作，如银行汇票、本票、支票的账务处理及在其中会遇到的一系列问题。

第 9 章 主要告诉读者新公司如何缴税、进行税务登记、纳税申报及一些常见的税务问题。

第 10 章 主要从老板的角度，来讲解企业的财务知识。

本书特性

真实而实用

本书在创作过程中侧重于实践方面的讲述，摒弃"假、大、空"的套话，全面结合建立新公司财务的各种实践操作，帮助读者从细微处入手，掌握开新公司财务入门的技巧。

全面而详尽

本书以通俗易懂、以图析文、简洁美观的方式讲解财务入门知识、如何建立账目和看懂账目等知识，为读者详细描绘了学习财务知识的具体操作步骤及各种注意事项。

可操作性强

全书内容涉及新公司财务入门的各个方面，在相关章节中配备了一些数据与表格，能帮助读者更高效地学习财务知识。

读者对象

本书为创业入门实用书籍，能帮助刚刚步入创业门槛的私营业主了解申请公司时的财务准备工作、认识基础财务、建立账目、看懂账目的方法。适合于想要了解财务入门却暂时没找到入门捷径的社会人士和公司管理人员，以及希望通过本书了解公司财务的私营业主。

由于编者知识有限，书中难免会有疏漏和不足之处，恳请专家和读者不吝赐教。

编　者
2016 年 1 月

目　录

1

开公司前的财务准备

对于任何一家公司而言，最核心的部门不是市场部、不是公关部、也不是企划部、而是财务部，因为它掌握着一个公司的经济命脉。所谓麻雀虽小，五脏俱全，对于任何一家中小型企业，都有其财务部，然而对于一家新开办的中小型企业，应该怎样进行财务准备，设置属于它的财务部呢？

什么是会计
出纳不等同于会计
如何设置企业的财务部门
出纳人员的工作内容
财务人员必备的基本素质
必备的财务总监
确定财务人员的数量
财务公章与公司公章分开
财务用品的准备
选择适合公司的财务软件
保险柜的购买

1.1 揭开会计的面纱——会计基础

对于任何一家公司的财务来说，会计和出纳，是我们常听到的名词，其中会计是核心。很多人会说会计复杂难懂，神秘莫测，那么今天就让我们一起来揭开这层神秘面纱。

1.1.1 什么是会计

在揭开神秘面纱之前，首先要做的事便是明白什么是会计，对于"会计"的理解，存在着如图 1-1 所示的几种理解。

通俗定义

一般是指在一个公司的财务部门任职的财务人员。

简单定义

一个企业通过相关的财务人员，对于企业的收入、支出、资产、负债和利润等相关信息进行记录并核算的一种会计行为。并且根据企业规模的大小，不同的企业会设置相应的财务部门，而在财务部门下，也将设置相关的财务人员，如会计和出纳。

专业定义

以会计凭证为依据，以货币为主要计量单位，运用一系列专门的技术方法，全面、连续、系统、综合地反映和监督企、事业单位的经济活动，并向相关会计信息使用者提供符合会计法律、法规和规章制度要求的会计信息的一项管理工作。它以计量和传送信息为主要目标，以财务报告为工作的核心。

图 1-1 对于会计的不同认识

综上所述，我们可以简单地理解为，会计就是企业的相关财务人员，对于与企业的经营密切相关的各项财务活动进行记录与核算。

1.1.2 出纳不等同于会计

一般的中小型企业，至少必备一位会计和一位出纳，出纳和会计是不能等同的，在企业的财务核算中，会计占据主导地位，而出纳进行相关的业务协助，因此会计不能兼任出纳。

对于一些小型企业来说，可能由于企业的规模较小，那么企业的财务部门就存在只有一位会计的情况，同时会计还要兼做出纳的岗位，严格来说，这是违背会计准则的，会计和出纳除了相互协作，更多的还是一种相互监督的作用。

对于新成立的公司，在做财务准备时，一定要注意财务人员的安排，特别是会计人员和出纳人员的设置。

从会计岗位职责和出纳岗位职责方面来说，两者也存在区别。对于会计人员来说，主要对企业的会计凭证、会计账簿、会计报表进行负责，以及与此相关的经济业务的账务处理。

出纳人员则主要对企业的现金和银行存款进行账务处理，以及日常的现金支票、转账支票进行相关业务结算。此外，出纳还需要对企业的库存现金及日常的一些公司所有物进行保管。

简单来说就是企业的会计主要对企业的相关账务进行管理，而企业的出纳则主要对企业的现金进行管理。出纳的业务相对轻松，而企业大多的会计人员则都是从出纳起步。

出纳变会计

一般来说，企业的会计，除了实习人员外，一般都是资深的会计，具有丰富的账务处理经验，他们一部分是在大学毕业以后在会计岗位实习，但更多的人则是在出纳的岗位上进行了一定时间的学习，在对企业的账务处理上具有一定经验之后转入会计岗位，所以会计和出纳也是可以转换的。

对于新创办的公司来说，企业需要一位资深的会计人员，而对于企业的出纳，则可以根据企业的规模及预算选择有丰富经验的出纳人员或者实习人员，从而在会计人员的带领下，完成相关账务。

1.1.3　如何设置企业的财务部门

不同的企业对财务部门的设置是不同的，如对于一些大型企业，它的财务部门的设置可能包括不同的岗位，如图 1-2 所示。

会计主管：对企业的会计和出纳工作进行监督，同时监督实行企业的各项会计制度、会计准则、会计法规等，同时对下一年度的财务计划进行决策。

出纳：主要对企业的现金及银行存款进行管理，同时配合会计工作。

稽核人员：主要对企业的财务成本、各项财务收支、会计凭证等进行审查。

总账报表人员：主要对企业各项总账报表进行制作与数据统计。

应收账款人员：主要对与企业经营相关的各项应收账款业务进行处理与核算。

成本核算人员：主要对与企业的经营活动相关的各项成本支出进行账务处理。

工资核算人员：主要对企业员工的工资进行相关的账务处理。

材料物资核算人员：主要对企业生产经营需要的物资的采购进行账务处理。

固定资产核算人员：主要负责核算包括固定资产的购买、计提折旧、报废等账务处理。

收入利润核算人员：主要对企业的主营业务收入和其他营业外收入进行核算。

应付账款人员：主要对与企业的经营活动相关的各项应付账款进行核算。

图 1-2　企业的财务人员的设置

对于图 1-2 中财务人员的设置，一般适用于大型企业，而对于新创办的中小型企业来说，除了设置会计主管与出纳岗位，其他岗位一般由会计兼任，统一对其他的账务进行处理。

1.1.4　出纳人员的工作内容

对于企业的出纳人员来说，其主要的工作职责在于对现金和银行存款的管理，对于现金的管理主要分为两大部分内容，分别是现金收入和现金支出（简称现收和现付）。

出纳人员对现金收入的账务处理，如图 1-3 所示。

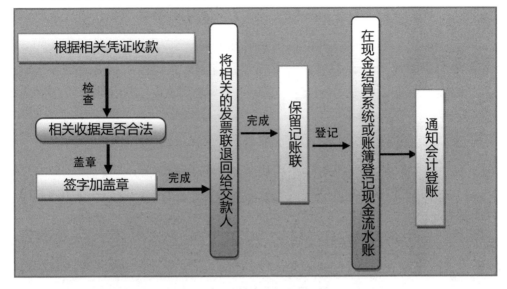

图 1-3　现金收入的账务处理

现金支出的账务处理，则与上述内容存在一定的差别，具体如图 1-4 所示。

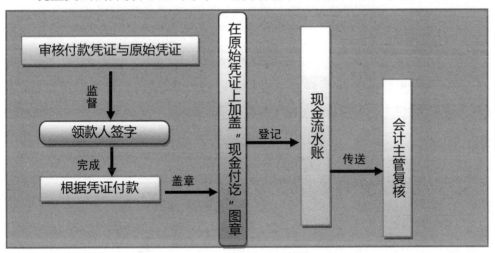

图 1-4　现金支出的账务处理

企业对每天的现金管理，一般会在当日的上午根据公司的预计现金用度提取一定的现金，并且在当日下午及时盘点现金，根据当日库存现金的余额决定是否应该送存银行，企业需要保证每日的库存现金应在一定的限额内。超出限额的应及时送存银行。

现金收支只是出纳的工作之一，出纳的另一项工作内容便是银行存款，与现金收支一样，银行存款也存在收支情况，下面进行简单介绍。

例如，某中小型企业，A 公司收到 B 公司的一张用于付款的转账支票，该支票已经传至会计章先生手中，而章先生又将该支票传至出纳李女士，那么李女士此时需要做的事便是将该支票入账，具体操作如图 1-5 所示。

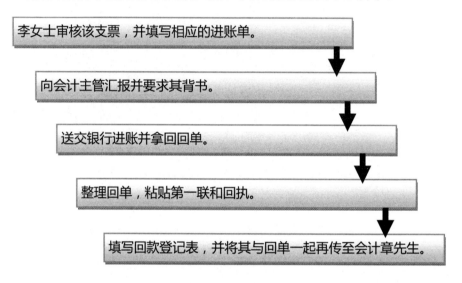

图 1-5　银行存款入账处理

此时，李女士完成了银行存款中银收的账务处理，根据收到的存款的业务不同，账务处理也不同，如收到的是银行贷款的回单，那么账务处理如图 1-6 所示。

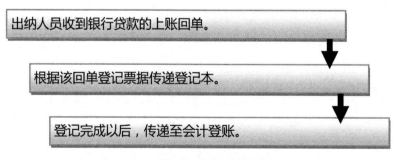

图 1-6　银行存款账务处理

如果企业通过银行存款付款，那么出纳人员的账务处理又存在一定的区别，简单举例如下。

　　某中小型企业 C 公司最近购买一台机器设备 8 万元，计划以转账支票的形式支付该货款，C 公司的出纳此时进行账务处理，具体如图 1-7 所示。

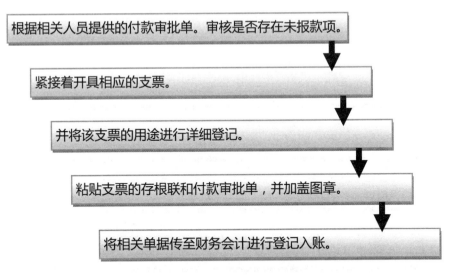

图 1-7　银行存款付款的账务处理 1

　　此时，出纳人员完成了简单的银行存款付款的账务处理，当出纳人员在填写支票时要注意，一定要保证信息完整准确，不能填写空白支票，如金额或者收款单位空白。

　　同时该支票上的收款单位名称应与对方公司签订的合同保持一致，避免给公司带来一定的损失，同时如果已经存在一定的未报账目时，不能办理相关的银行存款付款业务。

　　根据公司付款的业务不同，账务处理也不同，如出纳人员收到银行的还款凭证后的账务处理，具体如图 1-8 所示。

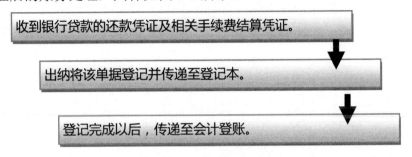

图 1-8　银行存款付款的账务处理 2

1.1.5　财务人员必备的基本素质

不管是会计还是出纳，都需要具备一定的专业素质。

财务人员的素质要求一般可以从企业和财务人员个人出发，企业对财务人员的素质要求如图 1-9 所示。

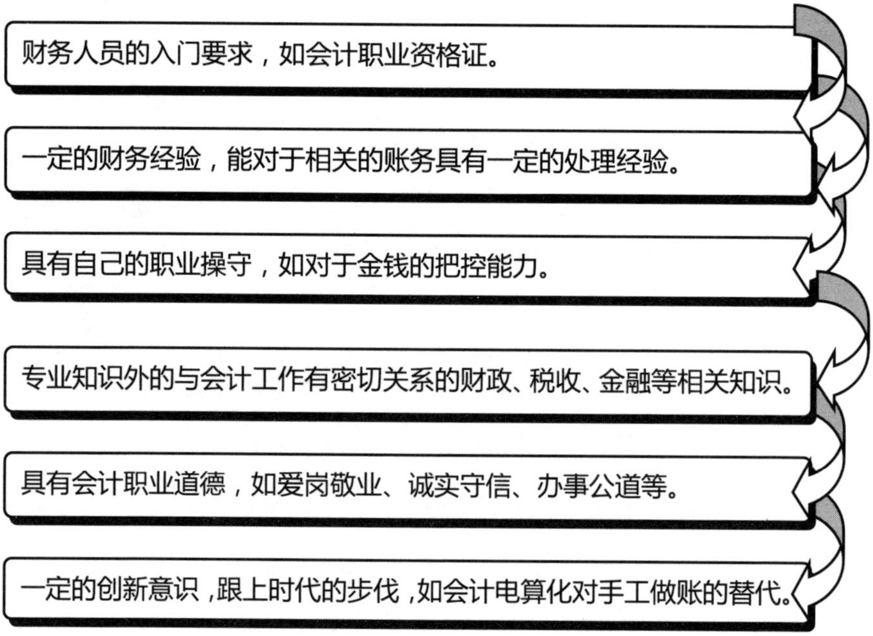

财务人员的入门要求，如会计职业资格证。

一定的财务经验，能对于相关的账务具有一定的处理经验。

具有自己的职业操守，如对于金钱的把控能力。

专业知识外的与会计工作有密切关系的财政、税收、金融等相关知识。

具有会计职业道德，如爱岗敬业、诚实守信、办事公道等。

一定的创新意识，跟上时代的步伐，如会计电算化对手工做账的替代。

图 1-9　企业对财务人员的素质要求

除了以上的几点，不同的企业，不同的行业，不同的岗位级别，对于企业的财务人员的素质要求也存在不同，如同一家企业中，对于财务总监和一般会计人员的素质要求是不同的，对于财务总监的要求会更高。

新创办的公司，对财务人员的要求可能会相对降低，但是对财务人员如入门要求、账务处理经验、一定的职业道德等必备的财务素质一定要重视，特别是企业的会计人员。

企业的出纳人员，除了必备的专业素质及做账经验，由于岗位的特殊性，出纳主要负责现金及银行存款，在大多城市都会要求其为本地户口，所以新创办的公司，在决定公司的出纳人员时，可以考虑录用本地户口的人员为出纳。

企业的财务人员也需要有一定的要求，如对于专业知识的把握及深入学习，如会计人员，通过初级、中级、高级的会计师考试，通过 CPA 考试，同时更需要与时俱进的精神，不断地把一些新知识用于财务上，包括对于每年相关的会计政策的变更，财政、金融、税收等新政策的把握，一切与财务相关的新知识，都要有一定的了解。

除了相应的知识之外，还需要具备一定的职业道德，包括金钱的把控处理，以及该岗位职责的明确及责任心。

此外，作为企业的财务人员，如企业的会计，除了日常的账务处理外，还会与企业的各部门，如与市场部、行政部、销售部等联系，所以还需要一定的公关交际能力，才能在岗位上做到如鱼得水。

出纳，由于其岗位的特殊性，除了专业知识的要求外，更多地体现在对于岗位职责的认识及对金钱的态度上，因为出纳每天都会与现金打交道，所以会要求出纳人员正确地对待金钱，绝不能任意动用公司的现金。

同时，由于出纳人员需要填写相应的支票、汇票等票据，这就要求出纳人员在填写时一定要细心。任何一个粗心的数据都可能导致整个账务的错误，再次改正时，需要花费更多的时间与精力。

1.2 谁来进行会计核算——财务人员

我们知道，财务是一个企业的核心，掌握着企业的经济命脉，企业的经济活动都需要进行一定的会计核算，那么到底由谁来核算呢？当然是企业财务人员。

1.2.1 必备的财务总监

企业的财务部掌握着企业的经济命脉，财务总监又在其中担任重要的角色，所以企业对于财务总监的要求难免会高。对于不同企业来说，可能也存在细节要求的不同，具体视企业的情况而定。

那么到底财务总监对于企业意味着什么呢？是不是任何人都能作为一个财务总监呢？

企业的财务总监属于一个管理的岗位，他的直接领导是总经理，直接下级则是会计和出纳人员，它的主要职责则是对会计和出纳起到领导作用。

下面从财务总监的任职条件和岗位职责来对其进行简单的介绍，一个公司的财务总监需要具备如下的条件，具体如图1-10所示。

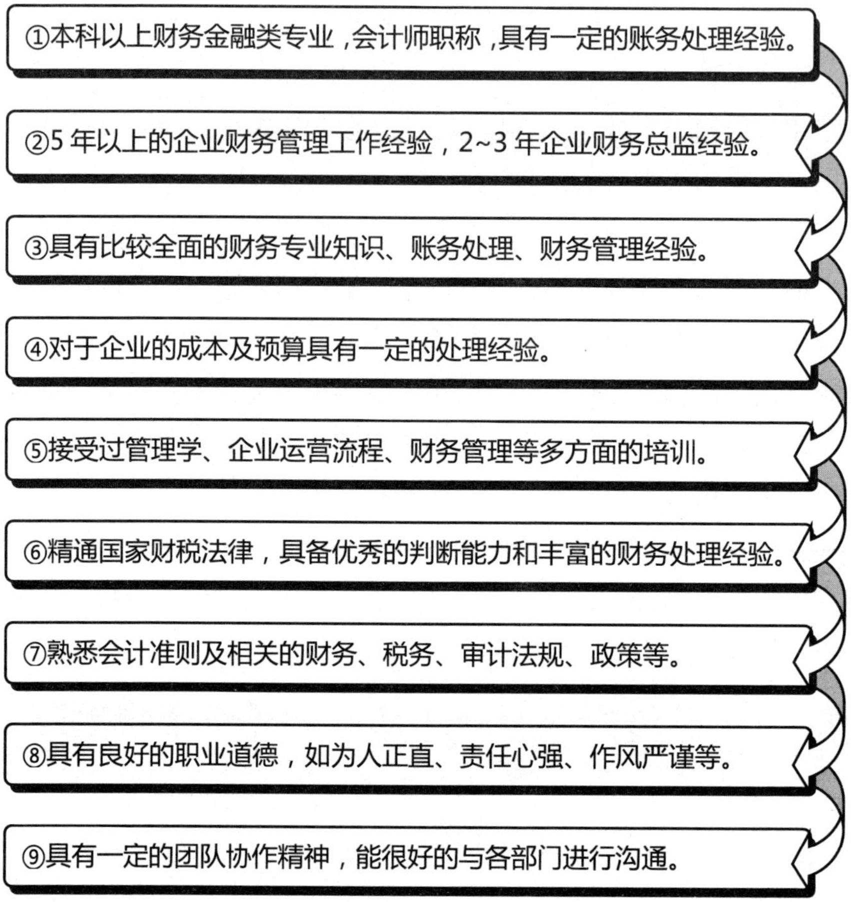

①本科以上财务金融类专业，会计师职称，具有一定的账务处理经验。

②5年以上的企业财务管理工作经验，2~3年企业财务总监经验。

③具有比较全面的财务专业知识、账务处理、财务管理经验。

④对于企业的成本及预算具有一定的处理经验。

⑤接受过管理学、企业运营流程、财务管理等多方面的培训。

⑥精通国家财税法律，具备优秀的判断能力和丰富的财务处理经验。

⑦熟悉会计准则及相关的财务、税务、审计法规、政策等。

⑧具有良好的职业道德，如为人正直、责任心强、作风严谨等。

⑨具有一定的团队协作精神，能很好的与各部门进行沟通。

图 1-10　财务总监任职要求

1.2.2　确定财务人员的数量

财务部门除了财务总监还有其他财务人员，那么其他的财务人员到底应该如何设置呢？

企业设置财务部门，并配备相关的财务人员时，首先会从企业的规模方面来考核，下面根据企业的人员数量简单介绍，如图 1-11 所示。

800~1500 人

当企业的数量为 800~1500 人时，一般该类企业的业务较多，涉及的相关财务科目也会较多，建议可设置一名财务主管、一名总账会计、一名成本会计、一名销售会计、一名税务会计、一名转账出纳、一名现金出纳。

300~600 人

对于该类企业来说，建议设置一名财务主管兼总账会计、一名成本会计、一名销售会计兼税务会计和一名出纳。

<200 人

当企业的人数在 200 人以下时，该类企业属于中小型企业，可设置一名财务主管兼会计和一名出纳。但会计和出纳不能为同一人。

图 1-11　根据企业的规模设置相应的财务人员

对于中小型企业来说，由于企业规模的限制，财务人员的数量一般可以设置 3～5 人，一名财务主管、一名会计和一名出纳，并且职位分工明确。

1.2.3　财务公章与公司公章要分开

企业无论大小，都有其专属的财务专用章，简称财务公章，财务印鉴章，主要用于财务结算，当企业对外进行结算时，都会用到财务公章，它代表着公司对外的一种财务承诺，同时也享有一定的财务权利。

公司的财务公章可以委托代理机构进行办理，当然也可以由公司亲自办理。在办理前，需要准备相关的材料，如单位介绍信、营业执照副本原件和复印件、法定代表人身份证复印件、经办人身份证原件和复印件。

资料准备完成，到公司所属区域的公安局进行申请，公安局在对相关资料审核以后，会指定企业到固定的刻章店进行办理。

财务公章大多为椭圆形，但也有的为方形，方形的一般用在支票上，在财务公章上一般会刻有公司的名称，同时在中间还会有财务公章的字样。

企业的财务公章由出纳或财务主管保管，如果财务公章丢失，那么企业该如何采取补救措施呢？

当企业的财务公章丢失以后，企业需要先到银行备案，说明企业的财务公章丢失，然后请银行的相关人员做备案处理，以免因财务公章丢失给企业带来不必要的财物损失。

财务人员需要马上清理企业的相关支票，如果同时还丢失了相关的空白支票，企业则要向法院申请办理停止银行支付公告。

企业需要到当地的公安局报案，并根据公安机关开具的报案证明到省级或者市级以上的报纸上刊登遗失声明广告，然后再重新申请办理。

与企业的财务公章同样重要的便是企业的公章，那么企业的公章与企业的财务公章又有何不同呢？

公司的公章又可以称为企业的印章，一般由文字、图记组成，它是企业进行各项经济活动、民事活动、行政活动的一种符号代表，类似古代官员们专有的身份象征。

公司的公章根据企业的不同，外在及大小上也存在一定的差别，具体如图1-12所示。

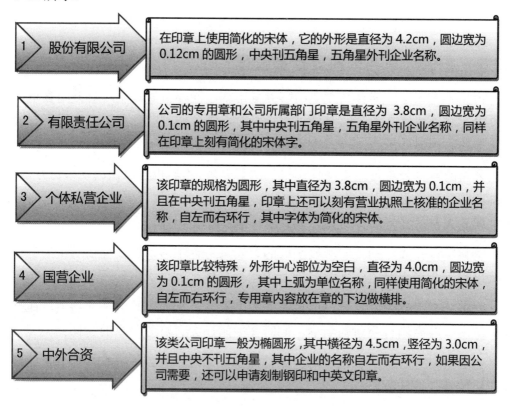

图 1-12　不同企业不同的公章

除了上述的企业，社会上存在的一些社会团体，它的公章一般也为圆形，直径为 4.2cm，中央刊着相应的五角星，而在五角星外则为社会团体名称，自左而右环行，如其他公章一样，上面的字体都使用简化的宋体。

申请企业的公章也需要一定的程序，首先办理人员需要向公司的领导，如总经理申请，在其批准后，在公司的行政部开具相应的介绍信，再到公安机关相关部门办理刻制手续。具体的形状根据企业的性质按照国家规定的办理。

当新的公章用于企业时，企业在启用前需要经公司领导的批准，并且向相关部门下发启用的通知，其中包括启用日期、使用范围、发放单位等。同时还需要先做好戳记，并留存相应的样本进行保存，以备将来因一些突发的情况进行查处时，有样可寻。

公章的保管采取专人制，一般由公司行政办的专人专柜保管，并且对于保管信息做详细记录，如公章名称、收到日期、启用日期、领取人、保管人、批准人、图样等信息。

企业的公章一般不能随意私自带出，如因特殊情况需要带出，需要进行书面申请，经过公司的领导人批准以后，经行政部进行信息确认以后，才可以带出，公章带出人则需要对公章的使用后果承担相应的责任。

在平时的生活中，如果公章保管者由于突发的一些事由离开公司，那么需要将公章交予上级领导指派的人进行代为保管，不可以私自委托别人保管，需要在专柜加锁保管。

无论是公章还是财务章，当保管者离职时，都需要办理相应的移交手续，并且在移交报告中注明相应的移交人、接交人、监交人、移交时间、图样等信息。如果保管者在年末仍在职，那么保管者就需要将公章及财务公章的全年使用情况的登记表的相应复印件交予行政办进行存档。

1.3 准备工作要做好——材料准备

若要新建一栋大楼，在动工之前，需要有钢筋、混凝土、水管等物质材料，而我们开始财务工作也是如此，在财务人员进行"动工"之前，同样需要一些的材料，那么这些材料具体有哪些呢？

1.3.1 财务用品的准备

企业一般都有两种账本，一种是手工账，另一种是电脑账，而无论是哪一种账本的形成，都离不开一定的财务用品，那么这些财务用品都有哪些呢？下面将做简单的介绍。

手工做账常会用到的工具，可以从三大方面进行准备，具体如图 1-13 所示。

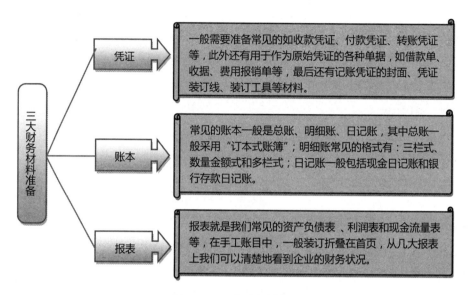

图 1-13　三大财务材料准备

除上述所说的一些材料外，还需要准备其他的财务办公用品，如红笔、黑笔、A4 纸、文件夹、文件柜、凭证装订机、凭证装订针、凭证装订线、会计凭证封面、剪刀、固体胶、回形针、大头针、装订机和打印机等。因为企业还会通过电脑做账，所以还需要为财务人员准备相应的电脑、计算器和笔记本等。

由于企业行业性质的差别，在准备相应的财务办公用品时，具体问题具体分析。

1.3.2　选择适合公司的财务软件

对于大多企业来说，除了手工账，还需要电脑做账。电脑做账的前提便是有一套如手工账本一样的电脑账本，而电脑账本的来源便是相应的财务软件。

财务软件是一种专门用于会计工作的一种计算机应用软件，财务人员通过该软件可以设置企业的日记账、总账、明细账等，最后还可以对企业的报表进行填写，同时相对于手工做账可以减少人力成本，大大提高工作效率。现在市场上存在的财务软件较多，具体划分如图 1-14 所示。

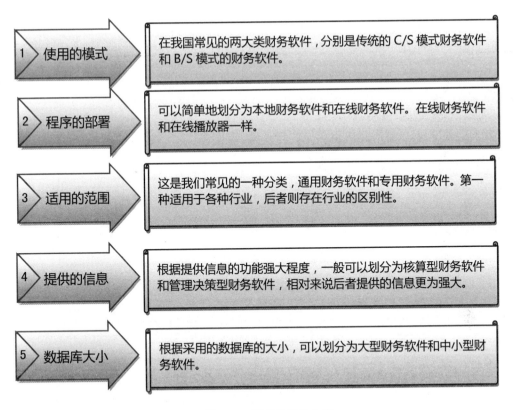

1	使用的模式	在我国常见的两大类财务软件,分别是传统的 C/S 模式财务软件和 B/S 模式的财务软件。
2	程序的部署	可以简单地划分为本地财务软件和在线财务软件。在线财务软件和在线播放器一样。
3	适用的范围	这是我们常见的一种分类,通用财务软件和专用财务软件。第一种适用于各种行业,后者则存在行业的区别性。
4	提供的信息	根据提供信息的功能强大程度,一般可以划分为核算型财务软件和管理决策型财务软件,相对来说后者提供的信息更为强大。
5	数据库大小	根据采用的数据库的大小,可以划分为大型财务软件和中小型财务软件。

图 1-14 财务软件的分类

　　根据上述的分类,对于中小型企业和新公司一般建议可以采用专用财务软件中的中小型的财务软件。当企业在安装财务软件时,一般会选择用友、金蝶、管家婆等,其中的用友和金蝶比较通用,账目也较多,但存在一定的成本问题。而一些较小的企业常用如管家婆、速达、浪潮等小型财务软件,相对成本较低,但同时数据库较小,企业具体选择哪一款财务软件,视企业的预算及需求而定。

　　对于一般的财务软件来说,其内部包含以下几大模块,与账目相关的有总账管理系统、应收应付管理系统、固定资产管理系统、报表管理系统、财务分析与决策支持系统等;与企业物流相关的系统则有销售管理系统、库存管理系统、采购管理系统等;与企业的成本相关的系统则有生产管理系统、成本管理系统、资金管理系统等。

　　图 1-15 所示为金蝶 KIS 迷你版。

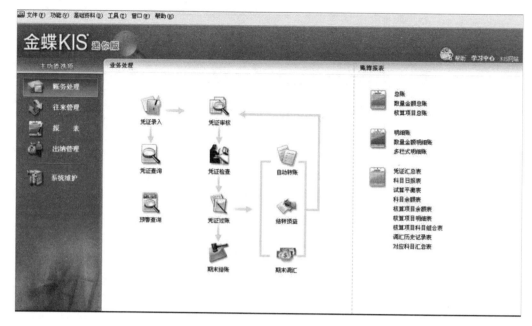

图 1-15　财务软件的内部结构

　　已经安装该软件后，进入系统，可以在主功能选项中，看到几大模块，如账务处理、往来管理、报表、出纳管理、系统维护等。在其中的账务处理中，可以对于凭证、总账、明细账、科目汇总、试算平衡等进行管理。还可以通过该系统对凭证进行录入、审核、查询、检查、过账等。

　　对于财务人员来说，通常选用金蝶作为企业的财务软件，不同版本的金蝶及功能介绍如图 1-16 所示。

金蝶 K3

金蝶 K3 系统比较全面地集中供应链管理、财务管理、人力资源管理、客户关系管理、办公自动化、商业分析等为一体，以成本管理为目标，计划与流程控制为主线，建立企业人、财、物、产、供、销科学完整的一套管理体系。

金蝶迷你版

适用于中小型企业的一些基础财务电算化或者民间常见的一些私人代理记账机构，主要包括账务处理、出纳、应收应付、报表等功能。

金蝶标准版

该财务软件适用于中小型企业标准化的财务电算化及一些私人代理记账机构，它的功能主要有：财务处理、往来管理、工资、固定资产、财务分析等。

图 1-16　不同的金蝶版本及功能

金蝶专业版

相对于其他的金蝶系统，该系统一般体现在专业化上，金蝶专业版适用于中小型企业财务业务一体化，它的主要功能包括销售管理、采购管理、库存管理等。

图 1-16 不同的金蝶版本及功能（续）

除了金蝶，企业通常还会选择的一类财务软件便是用友。常见的是用友 ERP-U8 财务会计，包括总账、应收款管理、应付款管理、固定资产、UFO 报表、网上银行、票据通、现金流量、网上报销、报账中心、公司对账、财务分析、现金流量表和所得税申报等。

对于企业的财务人员来说，则主要在 U8 的总账系统中进行操作，该系统可以通过手动输入与系统控制的方式，对相关的收款、付款、转账凭证进行填写和审核，并且还可以通过系统进行对账与结账，自动形成总分类账、明细分类账、财务报表等。

用友总账是用友通财务系统的核心，财务人员在生成凭证以后，凭证全部归集到总账系统进行处理，它从建账、日常业务、账簿查询到月末结账等全部的财务处工作都在总账系统中实现。

1.3.3 保险柜的购买

保险柜是一种特殊的"衣柜"，一般可以用来防火、防盗、防磁，国家也为其制定了相应的标准，现在常见的是防火和防盗的保险柜。对于企业来说，主要用来防盗。防盗保险柜可分为机械保险柜和电子保险柜两大类。

现在是电子保险柜居多，它的特点是将电子密码、IC 卡等智能控制方式的电子锁应用到保险柜中。

在购买保险柜时一定要注意，我们在市场上看到的保险箱产品其实并不是保险柜而是保管箱。保管箱和保险柜在材料上有区别，主要区别是保管箱在做工和材料上都是由各厂商自己控制，而保险柜必须达到国家强制认证标准。

购买保险柜时，如何设置保险柜的密码也是一个考虑因素。保险柜不同密码方式的优缺点简单介绍如图 1-17 所示。

指纹	当保险柜的密码是指纹识别时，保密性极强。但该类密码对手指的干湿以及手指的摆放位置都具有一定的要求。
电子密码	电子密码具有操作快、修改密码简单、轻松随意等优点。但是因其复杂性，所以电子密码的稳定性和耐用性比机械密码弱。
卡式锁	常见的是通过银行卡来打开保险柜的大门，如果 IC 卡的磁性受到影响，那么就不容易打开。
机械密码	相对于其他的密码，机械密码一般比较稳定与耐用，而且不需要电源。但是在操作上具有一定的麻烦，当需要修改密码时需要专业人员。
应急钥匙	对于高端防盗的保险柜，一般没有应急钥匙孔，应急钥匙虽然位置比较隐蔽，仍具有非常大的安全隐患。

图 1-17　保险柜不同密码方式的优缺点

2

新公司这样开启会计之门

企业已经做好相应的财务准备，那么接下来就是"动工"的时候，对于财务"高楼"的新建，首先从其基本的会计入门，可是会计这扇大门该如何打开呢？打开大门的钥匙就在本章。

2.1 财务第一眼——会计科目与会计账户

当我们翻开任何一家公司的报表（如资产负债表），首先看到的是各种会计科目，如常见的银行存款，还有以此为基础的会计账户，即我们常说的 T 型账户，下面就来简单认识一下会计科目和会计账户。

2.1.1 会计科目有哪些

会计科目简单来说就是对企业发生的各项经济业务，进行一对一命名的一种会计核算方法，根据不同的标准可以划分为不同的会计科目，按照提供信息的详细程度可以划分为总分类科目和明细账科目，如图 2-1 所示。

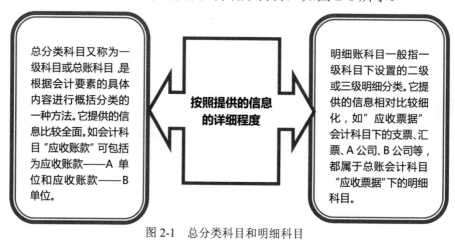

总分类科目又称为一级科目或总账科目，是根据会计要素的具体内容进行概括分类的一种方法。它提供的信息比较全面。如会计科目"应收账款"可包括为应收账款——A 单位和应收账款——B 单位。

按照提供的信息的详细程度

明细账科目一般指一级科目下设置的二级或三级明细分类。它提供的信息相对比较细化，如"应收票据"会计科目下的支票、汇票、A 公司、B 公司等，都属于总账会计科目"应收票据"下的明细科目。

图 2-1 总分类科目和明细科目

其中总账科目我们可以清晰地看见"借方"、"贷方"和"余额"的汇总，具体如图 2-2 所示。

总 账 及 科 目 余 额 表

科 目		期初余额		本期发生额		期末余额		累计发生额	
科目代码	科目名称	借方	贷方	借方	贷方	借方	贷方	借方	贷方
1001	现金	1 200.00		2 000.00	350.00	2 850.00		2 000.00	350.00
1002	银行存款	980 000.00		29 800.00	2 000.00	1 007 800.00		29 800.00	2 000.00
100201	工行	980 000.00			2 000.00	978 000.00			2 000.00
100202	农行			29 800.00		29 800.00		29 800.00	
1131	应收账款			374 523.20		374 523.20		374 523.20	
3101	实收资本		981 200.00				981 200.00		
3131	本年利润			350.00	404 323.00		403 973.00	350.00	404 323.00
5101	主营业务收入			404 323.00	404 323.20		0.20	404 323.00	404 323.20
5502	管理费用			350.00	350.00			350.00	350.00

图 2-2 总账科目

与总账对应的明细科目，则与总账科目存在一定的差别，具体如图 2-3 所示。我们可以清楚地看到在该凭证上，存在的总账科目"银行存款"及其明细科目下的"中国工商银行"、"中国农业银行"和"中国交通银行"等。

收款凭证				
借方科目： 年 月 日			银收字第 ×× 号	
摘要	贷方科目		金额	记账
	总账科目	明细科目		
	银行存款	中国工商银行		
		中国农业银行		
		中国交通银行		

图 2-3 明细科目

总分类科目和明细科目除了有一定的差别，那么两者是否还具有其他的联系呢？具体如表 2-1 所示。

表 2-1 总分类科目和明细账科目两者的关系

总分类科目（一级科目）	明细分类科目	
	二级科目	明细科目
应付票据	银行汇票	A公司
	银行本票	B公司
	支票	C公司

总分类明细科目，严格说来与明细科目是一种包含概括的关系，在总分类科目下，企业可以根据实际情况设置相应的明细科目，可以是二级、三级、四级明细科目，设置到哪一个级别，不同的企业就有不同的要求。

在表 2-1 中，在总分类科目的"应付票据"科目下，可以划分二级明细科目，如银行汇票、银行本票和支票等，同时还可以根据付款单位再进行细分为具体的公司，如 A、B、C 三家不同的公司。

会计科目除了如上述的分类以外，在实际工作中，根据会计准则的要求，一般会根据相应的会计要素进行分类。

一般将会计科目分为资产类科目、负债类科目、损益类科目、成本类科目、共同类科目、所有者权益类科目六大类，每一类都会设置相应的编号进行区别。

同时还将注明每个会计科目的使用范围，2015 年最新会计科目表如表 2-2 所示。

表 2-2　2015 年最新会计科目表

序号	科目代码	科目名称	适用范围
资产类			
1	1001	库存现金	
2	1002	银行存款	
3	1003	存放中央银行款项	银行专用
4	1011	存放同业	银行专用
5	1012	其他货币资金	
6	1101	短期投资	
7	1102	短期投资跌价准备	
8	1021	结算备付金	证券专用
9	1031	存出保证金	金融公用
10	1101	交易性金融资产	金融公用
11	1111	买入返售金融资产	金融公用
12	1121	应收票据	
13	1122	应收账款	
14	1123	预付账款	
15	1131	应收股利	
16	1132	应收利息	
17	1201	应收代位追偿款	保险专用
18	1211	应收分保账款	保险专用
19	1212	应收分保合同准备金	保险专用
20	1221	其他应收款	
21	1231	坏账准备	
22	1301	贴现资产	银行专用
23	1302	拆出资金	

序号	科目代码	科目名称	适用范围
24	1303	贷款	银行和保险共用
25	1304	贷款损失准备	银行和保险共用
26	1311	代理兑付证券	银行和证券共用
27	1312	代理业务资产	
28	1401	材料采购	
29	1402	在途物资	
30	1403	原材料	
31	1404	材料成本差异	
32	1405	库存商品	
33	1407	商品进销差价	
34	1411	周转材料	
35	1412	包装物	
36	1413	低值易耗品包装物	
37	1241	消耗性生物资产	农业专用
38	1431	贵金属	银行专用
39	1441	抵债资产	金融共用
40	1451	损余物资	保险专用
41	1461	融资租赁资产	租赁专用
42	1471	存货跌价准备	
43	1501	持有至到期投资	
44	1502	持有至到期投资减值准备	
45	1503	可供出售金融资产	
46	1511	长期股权投资	
47	1402	长期债券投资	
48	1512	长期投资减值准备	
49	1521	投资性房地产	

续表

序号	科目代码	科目名称	适用范围
50	1531	长期应收款	
51	1532	为实现融资收益	
52	1541	存出资本保证金	保险专用
53	1601	固定资产	
54	1602	累计折旧	
55	1603	固定资产减值准备	
56	1604	工程物资	
57	1605	在建工程	
58	1606	在建工程减值准备	
59	1607	固定资产清理	
60	1611	未担保余值	租赁专用
61	1621	生产性生物资产	农业专用
62	1622	生产性生物资产累计折旧	农业专用
63	1623	公益性生物资产	农业专用
64	1631	油气资产	石油天然气开采专用
65	1632	累计折耗	石油天然气开采专用
66	1701	无形资产	
67	1702	累计摊销	
68	1703	无形资产兼职准备	
69	1711	商誉	
70	1815	未确认融资费用	
71	1801	长期待摊费用	
72	1811	递延所得税资产	
73	1821	独立账户资产	保险专用
74	1901	待处理财产损溢	

续表

		负债类	
序号	科目代码	科目名称	适用范围
1	2101	短期借款	
2	2102	存入保证金	金融共用
3	2103	拆入资金	金融共用
4	2104	向中央银行借款	银行专用
5	2011	吸收存款	银行专用
6	2012	同业存放	银行专用
7	2021	贴现负债	银行专用
8	2101	交易性金融负债	
9	2102	卖出回购金融资产款	金融共用
10	2201	应付票据	
11	2202	应付账款	
12	2203	预收账款	
14	2211	应付职工薪酬	
15	2153	应付福利费	
16	2221	应交税费	
17	2176	其他应交款	
18	2231	应付利息	
19	2232	应付股利	
20	2171	应交税金	
21	2241	其他应付款	
22	2251	应付保单红利	保险专用
23	2261	应付分保账款	保险专用
24	2311	代理买卖证券款	证券专用
25	2312	代理承销证券款	证券和银行专用

序号	科目代码	科目名称	适用范围
26	2313	代理兑付证券款	证券和银行专用
27	2314	代理业务负债	
28	2401	递延收益	
31	2501	长期借款	
32	2502	应付债券	
33	2601	未到期责任准备金	保险专用
34	2602	保险责任准备金	保险专用
35	2611	保户储金	保险专用
36	2621	独立账户负债	保险专用
37	2701	长期应付款	
38	2702	未确认融资费用	
39	2711	专项应付款	
40	2801	预计负债	
41	2901	递延所得税负债	

损益类

序号	科目代码	科目名称	适用范围
1	6001	主营业务收入	
2	6011	利息收入	金融共用
3	6021	手续费及佣金收入	金融共用
4	6031	保费收入	保险专用
5	6041	租赁收入	租赁专用
6	6051	其他业务收入	
7	6061	汇兑损益	金融共用
8	6101	公允价值变动损益	
9	5201	投资收益	
11	6201	摊回保险责任准备金	

序号	科目代码	科目名称	适用范围
12	6202	摊回赔付支出	保险专用
13	6203	摊回分保费用	保险专用
14	6301	营业外收入	
15	6401	主营业务成本	
16	6402	营业税金及附加	
17	6403	其他业务支出	
18	6411	利息支出	金融共用
19	6421	手续费及佣金支出	金融共用
20	6501	提取未到期责任准备金	保险专用
21	6502	提取保险责任准备金	保险专用
22	6511	赔付支出保险专用	
23	6521	保户红利支出	保险专用
24	6531	退保金	保险专用
25	6541	分出保费	保险专用
26	6542	分保费用	保险专用
27	6601	销售费用	
28	6602	管理费用	
29	6603	财务费用	
30	6604	勘探费用	
31	6701	资产减值损失	
32	6711	营业外支出	
33	6801	所得税费用	
34	6901	以前年度损益调整	
1	5001	生产成本	
2	5101	制造费用	
3	5201	劳务成本	

		成本类	
序号	科目代码	科目名称	适用范围
4	5301	研发支出	
5	5401	工程施工	建造承包商专用
6	5402	工程结算	建造承包商专用
7	5403	机械作业	建造承包商专用
		共同类	
序号	科目代码	科目名称	适用范围
1	3001	清算资金往来	银行专用
2	3002	货币兑换	金融共用
3	3101	衍生工具	
4	3201	套期工具	
5	3201	被套期项目	
		所有者权益类	
序号	科目代码	科目名称	适用范围
1	4001	实收资本	
3	4002	资本公积	
4	4101	盈余公积	
5	4102	一般风险准备	金融共用
6	4103	本年利润	
7	4104	利润分配	
8	4201	库存股	

　　上述会计科目的设置，对于大多数企业来说都适用。在实际的企业经营中，由于企业的规模和行业的限制，可能对上述的会计科目不会完全进行设置，而在有些会计科目上，则可能进行更细致的划分。

　　下面就来看一看根据相应的经济业务，而对于会计科目的运用。

【会计科目的故事】

小刘今年刚大学毕业，毕业以后进入一家中小型企业做会计实习生，这一天老会计对他说："我这里有一笔业务，我刚做了会计分录，你看有什么问题吗？"

只见上面的经济业务为："办公室的小李用现金采购了笔记本 10 个，并取得相应的发票，金额为 20 元。"小刘看见老会计所做的分录如下：

借：笔记本　　　　　　　　　　　　　　　　20

贷：现金　　　　　　　　　　　　　　　　　20

小刘看完以后对老会计说道。我们不能这样做会计分录，因为在会计科目里，没有笔记本这个选项，我们都将日常办公花费的一些费用计入会计科目"管理费用"，所以正确的分录应该为：

借：管理费用　　　　　　　　　　　　　　　20

贷：现金　　　　　　　　　　　　　　　　　20

如上例所示，当企业发生一项经济业务以后，会计人员就需要对其填写相应的会计分录，从而填写相应的会计凭证。同时，会计人员一定要注意发生的经济业务应该归属于何种会计科目，一般可以从企业设置好的会计科目表中查询，不能自己随意地填写，如上例中的"笔记本"。

会计分录简介

在上例中我们运用到相应的会计分录，那么什么是会计分录呢！会计分录一般指当企业的经济业务发生时，按照记账规则的要求，确定并列示应借应贷账户的名称及其金额的一种简明记录。会计分录的书写有一定的规则，如先借后贷；借和贷要分行写，并且文字和金额的数字都应错开，同时在一借多贷或一贷多借的情况下，要求借方或贷方的文字和金额数字必须对齐。

2.1.2　常见的会计账户

当根据会计要素进行会计科目设置以后，就需要对会计要素的增减变动进行如实的反映，如对企业的本年"银行存款"的增加减少进行分析时，就需要设置相应的"银行存款"账户，而这类账户就是会计账户。

会计科目与会计账户两者不仅有一定的联系，两者之间也存在一定的差别，具体如图 2-4 所示。

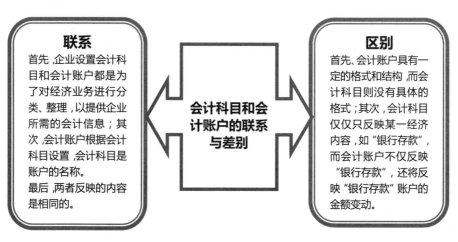

图 2-4　会计科目和会计账户的联系与差别

两者的区别除了如图 2-4 所示外，一般会计科目是企业填制凭证、设置相应账户的依据，而企业的各类会计账户则是企业的财务人员进行账簿登记及最终报表的制作提供依据。简单来说就是企业的会计账户是对于企业会计要素的更深层次的反映。

对于企业的会计账户，如果根据企业的经济内容划分，一般可以划分为资产类账户、负债类账户、所有者权益类账户、成本类账户、损益类账户五大类。

每一账户下根据相应的划分方式，又可以分为若干账户，如资产类账户按照反映流动性快慢的不同，可以再分为流动资产类账户和非流动资产类账户。

负债类账户按照反映流动性强弱的不同，可以再分为流动性负债类账户和长期负债类账户。

所有者权益类账户按照来源和构成的不同，可以再分为投入资本类所有者权益账户和资本积累类所有者权益账户。

成本类账户按照是否需要分配，可以再分为直接计入类成本账户和分配计入类成本账户。损益类账户按照性质和内容的不同，可以再分为营业损益类账户和非营业损益类账户，具体如图 2-5 所示。

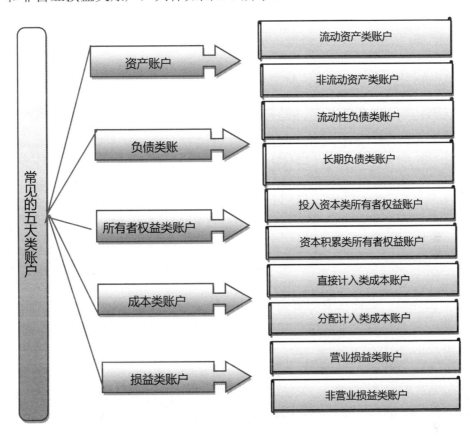

图 2-5　五大类账户下的子账户

当然除了如上的划分外，根据账户反映的相应经济内容的详细程度不同，还可以将账户划分为总分类账户和明细分类账户，如图 2-6 所示。

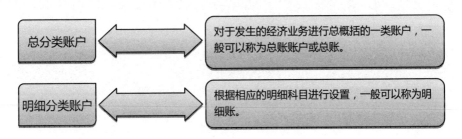

图 2-6　总分类账户与明细账户

对于上述所说的不同分类下的不同账户，一般都有一定的结构，账户里需要反映如会计科目、借贷金额、余额外，同时还包括业务发生的日期、期初余额、期末余额和摘要等，具体如图 2-7 所示。

应交税金　总分类帐

总第＿＿＿页
分第＿＿＿页
编号＿＿＿页

年 月	日	凭证 字	号	摘要	借方金额	贷方金额	借或贷	余额	✓
6	1			期初余额			贷	5200000	
	2		1	购入A材料进项税额	2040000		贷	3160000	
	2		2	A材料运费进项税额	3500		贷	3156500	
	5		4	缴纳上月应交税金	5200000		借	2043500	
	6		5	购入A、B材料进项税额	2227000		借	4270500	
	6		6	A、B材料运费进项税额	6500		借	4277000	

图 2-7　总分类账

为了更详细、更轻松地理解会计账户的结构，我们还常常运用 T 型账户来表示以某一会计科目为基础而形成的会计账户，会计科目以银行存款为例，如图 2-8 所示。

银行存款

期初余额：50 000	
（1）15 000	
	（3）4 500
	（4）20 000
本期发生数（金额）	本期发生数（金额）
15 000	24 500
期末余额：20 500	
期末余额=期初余额+本期增加数-本期减少数	

图 2-8　T 型账户

什么是会计要素

我们知道，无论是会计科目还是会计账户都是以会计要素为依据的，那么什么是会计要素呢？

会计要素是指会计报表的基本构成要素。中国《企业会计准则》将会计要素分为资产、负债、所有者权益（股东权益）、收入、费用（成本）和利润六个会计要素，简单来说就是具体的会计核算对象。

2.2 天平上的会计——会计等式

我们常听会计人员说到报表平衡、试算平衡、余额平衡，那么以什么来计算它们是否平衡呢？很简单，可以将与此相关的各种会计要素下的会计数据放到一个天平上来进行衡量，而这个天平便是会计等式。

2.2.1 会计等式的简单展现

在会计等式中，常见的会计等式，如"资产=负债+所有者权益"，据此变换的等式还有，"负债=资产-所有者权益"或者"所有者权益=资产-负债"，一般在会计的计算中，常用到的是第一个等式。

除了资产、负债、所有者权益三者相关的等式外，还存在一个等式，即利润=收入-费用，下面就对两大等式简单介绍，具体内容如图2-9所示。

图 2-9　会计两大等式

2.2.2 会计等式的实际运用

我们已经对会计等式有了简单的认识，接下来就来看一看在企业中，如何通过会计等式进行简单的会计核算。

【会计等式的运用1】

甲企业是一家生产电子产品的中小型企业，在1~4月，企业发生的经济业务如下：

（1）由于经营规模的不断扩大，在1月10日，收到股东追加投资20万元，会计人员将其计入银行存款账户。

（2）在2月10日，甲企业归还乙企业欠款10万元。

（3）在3月15日，企业购入5万元的机器设备，投入生产使用。

（4）在4月15日，企业为了扩大生产，向银行短期借款30万元。但因为某些原因，企业却用来归还丙企业的欠款30万元。

根据上述的例子，在（1）中，企业收到股东追加投资，于是在会计等式：资产=负债+所有者权益中，等式左边的"资产"增加了20万元，同时等式右边的"所有者权益"也增加了20万元，等式两边同时增加20万元，等式仍然保持平衡。

在（2）中，企业归还欠款10万元，意味着企业的银行存款减少10万元，银行存款属于企业的资产，就意味着企业的资产减少10万元，而对于乙企业的欠款，就意味着企业的负债，现在已经归还，就意味着企业的整体负债减少10万元，于是在会计等式：资产=负债+所有者权益中，等式左边的"资产"减少了10万元，同时等式右边的"负债"也减少了10万元，等式两边同时减少10万元，等式仍然保持平衡。

在（3）中，企业购入了机器设备，意味着企业的"固定资产"增加5万元，但同时企业是通过"银行存款"支付该设备的费用，就意味着企业的银行存款减少5万元，而"固定资产"和"银行存款"都构成企业的"资产"，此时就意味着企业的整体资产是没有变化的。于是在会计等式：资产=负债+所有者权益中，等式左边的"资产"并没有变化，从而等式右边的"负债+所有者权益"也没有变化，等式仍然保持平衡。

在（4）中，企业向银行借款30万元，就意味着企业又增加负债30万元，同时企业没用于扩大规模而是用于归还欠款，于是企业的"应付账款"就减少了 30 万元，而此经济业务导致的只是企业负债增加与减少 30 万元，负债的整体保持不变。于是在会计等式：资产=负债+所有者权益中，变化的只是企业负债的内部，整体不变，所以等式仍然保持平衡。

在实际生活中，还可以通过相应的会计报表来观察会计等式的简单应用，具体如例 2 所示。

【会计等式的运用 2 】

小王、小刘、小张三人按照 5：3：2 的比例，合伙出资 100 万元，成立一家玩具公司。

其中小王投入原材料 25 万元、银行存款 22 万元、现金 3 万元；小刘投入 10 台机器设备，总计 25 万元，此外还有现金 5 万元。

小张投入专利技术 15 万元及现金 5 万元，同时三人经过商议，向银行进行短期借款 20 万元，用于扩大生产，于是企业的会计人员据此做了简单的报表，具体如表 2-3 所示。

表 2-3　资产负债表

资产		负债及所有者权益	
库存现金	130 000	负债	
银行存款	420 000	短期借款	200 000
原材料	250 000	所有者权益	
无形资产	150 000	实收资本	
固定资产	250 000	小王	500 000
		小刘	300 000
		小张	200 000
总额	1 200 000	总额	1 200 000

根据上述报表中，资产总额=库存现金+银行存款+原材料+无形资产+固定资产=130 000+420 000+250 000+150 000+250 000=1 200 000 元，而负债+所有者

权益=200 000+500 000+300 000+200 000=1 200 000 元，此时再次证明会计等式资产=负债+所有者权益，等式左右两边保持一致。

2.3 你知道怎么记账吗

无论是在古代还是现代，记账都不是一个陌生的词语，无论是对于家庭还是企业，都有自己的一套记账方法，你呢？你知道怎么记账吗？你知道你自己的记账方法是否正确吗？

2.3.1 什么是复式记账

记账，简单来说就是企业或者家庭将所有的与家庭或者企业相关的经济业务，通过一定的记账方法，在相应的账簿上进行记录。对于家庭来说，比较简单，没有更多的规则限制。而对于企业来说，则相对复杂，它需要根据审核无误的原始凭证或者记账凭证，并根据国家统一的会计制度下规定的会计科目，运用复式记账法对其进行登记，那么什么是复式记账法呢？

在了解复式记账法之前，我们来认识一下与之相对应的单式记账法，单式记账法也是自古以来延续的一种方法，它是只在一个账户中进行记录的记账方法，下面就以简单的例子进行说明。

【单式记账法】

A公司最近因生产规模扩大，从B公司购买机器设备5台，总计金额10万元。而该笔金额公司最终以银行存款的方式支付给B公司。

而A公司的财务人员在登记账务时，只在公司的银行存款账户登记减少10万元，而在固定资产账户中则未登记10万元。

单式记账法只会对有关人欠、欠人的现金、银行存款收付业务在两个或两个以上有关账户中登记外，而对于其他的经济业务，一般只会在一个账户中登记或不予登记。只会设置"库存现金"、"银行存款"、"应收账款"、"应付账款"等少数账户。

而复试记账则是根据会计等式的原则，对每项经济业务按照相等的金额在两个或两个以上有关账户中同时进行登记的方法。同样简单举例如下。

【复试记账法】

A 公司最近收到 B 公司支付的上个季度购买的机器设备货款 8 万元，已存入银行存款账户。

于是 A 公司的财务人员就在"应收账款"账户中登记减少 8 万元，同时在"银行存款"账户登记增加 8 万元。

根据上例所示，当 A 公司收到 B 公司的欠款以后，以相等的金额登记在与此相关不同的两个账户，最终实现账户记录的试算平衡。这种方法相对来说比较科学，能够更准确地反映企业发生的一系列业务。

2.3.2 常见的借贷记账

复试记账法中根据种类的不同，又分为借贷记账法、收付记账法、增减记账法。而在会计的账务处理时，则一般常用借贷记账法。

借贷记账法简单理解就是当企业发生一项经济业务时，不仅需要在企业的一个账户借方登记，同时还需要在企业的另一个账户中的贷方进行登记。因为根据天平等式："资产=负债+所有者权益"，并根据相应的记账规则："有借必有贷，借贷必相等"。

下面以具体的例子来理解什么是借贷记账法。

【借贷记账法】

A 公司由于近年来经营良好，于是公司股东经过商议决定扩大企业的规模，于是企业的股东们按照相应的投资比例，追加总投资 100 万元。并存入公司的银行账户。

公司的会计小王在对于该项业务进行处理时，在"银行存款"账户的借方登记增加的 100 万元。同时在"实收资本"中贷方中登记增加的 100 万元。

从上例可以看出，借贷记账法的典型特点是记账的原则，有借必有贷，借贷必相等。在该例中，当企业在银行存款账户登记增加的 100 万元和在"实收资本"中登记增加的 100 万元相同，这就保证了账户的平衡。

企业的财务人员记账的步骤，具体如图 2-10 所示。

根据企业发生相应的经济业务，分析它为何种性质，并最终确定它所涉及的账户类型，如是资产类账户或者负债类账户或者权益类账户。注意，一定不能将资产类的账户登记在负债类账户中，否则就会导致最终账务失衡。

当账户确定以后，还要根据具体的经济业务，确定某一账户中需要的会计科目，如上例中，需要分别在企业的资产类账户（银行存款账户）下确定相应的会计科目——银行存款，以及在权益类账户确定相应的会计科目——实收资本。

当企业的某一经济业务发生后，它所属的账户及相应的会计科目都已经确定以后，接下来就需要根据借贷记账法的原则，确定在两个相关的会计账户中，在哪一个账户登记借方，在哪一个账户登记贷方。

图 2-10　记账小步骤

在借贷记账法下，当企业的某一项经济业务发生之后，首先需要确定它所属的账户。账户的结构如表 2-4 所示。

表 2-4　××账户

年	月	日	凭证号数	摘要	借方金额	贷方金额	借或贷	余额

在表 2-4 所示的账户中，登记计入该账户的增加额或者减少额，但在会计处理上，特别是如果反映在 T 型账户里，则称为"本期发生额"，而该账户中的余额，称为"期末余额"。

对于同一个账户，如果借方登记增加额，那么贷方就需要登记减少额，如银行存款账户，在借方登记增加额，在贷方登记减少额。但有些账户则是在借方登记减少额，在贷方登记增加额，如上例所说的实收资本账户，具体以发生的实际的经济业务为准。

2.3.3 借贷记账法下的账户结构

在运用借贷记账法进行账务处理时，常用到几种账户结构，如资产类账户、负债及所有者权益账户、成本类账户、损益类账户、收入类账户，下面将对这几类账户简单介绍，如表2-5～表2-9所示。

表2-5 资产类账户

借方		贷方
期初余额 20 000		
本期增加额 （1）5 000		
		本期减少额 （3）1 500
		（4）8 000
本期发生数（金额）		本期发生数（金额）
5 000		9 500
期末余额：15500		
期末余额=期初余额+本期增加数−本期减少数		

对于上述资产类的账户，一般会在借方登记增加的金额，在贷方登记减少的金额，而期末的余额根据相应的公式计算，如表2-5所示。同时，本期的期末余额会在期末结转到下期作为下一期的期初余额，相对来说，大多资产类的账户的期末余额都在借方，但是也存在一些特殊的账户。

一些特殊的资产类账户，期末的余额会在贷方，如"累计账户"账户，它的期初余额和期末余额都在贷方。

负债及所有者权益类账户与资产类账户有哪些差别呢？如表2-6所示。

表2-6 负债及所有者权益类账户

借方		贷方	
		期初余额	40 000
		本期增加额 （1）8 000	
本期减少额 （3）3 500			
（4）4 000			
本期发生数（金额）		本期发生数（金额）	
7 500		8 000	
		期末余额	40 500
期末余额=期初余额+本期增加数-本期减少数			

负债及所有者权益类账户，其账户的期初余额及期末余额都会在贷方，这与资产类账户刚好相反。当账户的金额增加时，需要登记在贷方，而当金额减少时则登记在借方。

对于有些账户来说，在期初时并没有余额，如成本类账户，具体如表 2-7 所示。

表2-7 成本类账户

借方		贷方	
本期增加额 35 000		本期减少额 9 000	
2 500		1 300	
4 000		6 500	
本期发生数（金额）		本期发生数（金额）	
41 500		16 800	

成本类账户一般会在借方登记增加的金额，在贷方登记减少的金额，这与资产类账户基本相同。不同的是，有些成本类账户在结转以后就不存在期末余额（下一期的期初余额）。

　　与此类账户模式存在一定相似的账户便是损益类账户，损益类账户简单理解就是企业的损失和收益，常见的账户是收入类账户和费用支出类账户。支出类账户，具体如表 2-8 所示。

表 2-8　支出类账户

借方		贷方	
本期增加额　12 000		本期转出额　3 500	
2 300		9 800	
5 400		1 700	
本期发生数（金额）		本期发生数（金额）	
19 700		15 000	

　　支出类账户，在借方登记相应的增加额，在贷方登记相应的减少额，余额会在借方，但是需要在期末进行转出，转出以后就无余额，但如果还存在余额，需要登记在贷方。

　　与该账户类似的是收入类账户，如表 2-9 所示，对于收入类账户来说，一般当期的收入会在当期进行结转，当期的期末余额结转入"本年利润" 账户，所以不存在期末余额。

表 2-9　收入类账户

借方		贷方	
本期减少额　14 000		本期增加额　5 500	
3 800		7 600	
2 900		1 865	
本期发生数（金额）		本期发生数（金额）	
20 700		14 965	

2.4 会计入门之六大宝贝

对于法师来说，在入门之初，师傅们都会给每人一件法器，用于以后捉鬼除妖，当一位会计人员踏入会计门槛，同样需要"法器"，而这"法器"还不止一种，总计 6 种。下面就来分别进行了解。

2.4.1 公司有多少家底——资产

都说看一个人多富裕，就看他有多少资产。资产，简单来说，可以看成一种家底的代表，不仅对于个人，对于公司也一样，公司有多少家底，就看他有多少资产，那么如何定义企业的资产呢？

资产一般是指为企业所拥有，预期能给企业带来一定收益的一种资源，根据划分的标准不同，资产的种类也不同，按照是否为具体的实物形态，可分为有形的资产和无形的资产；根据来源的不同还可划分为自有资产和租入资产，如自有的一些机器设备，租用的办公大楼。

除此之外，还会根据资产流动性的高低来划分资产的种类，具体如图 2-11 所示。

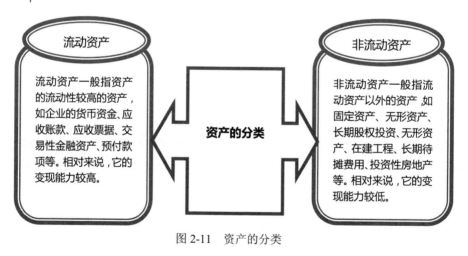

图 2-11 资产的分类

下面对流动资产中的应收账款和非流动资产中的无形资产来进行说明。

首先，需要知道什么是应收账款？应收账款是指企业因销售商品、提供劳务，使相应的资金流入企业，一般包括商品的价格或垫付的各项包装费、运杂费等。

【应收账款】

A公司8月向B公司销售了一批商品，付款方式为托收承付的方式，即对方先收货后付款，商品的总价格为50万元，增值税为8.5万元，并且公司垫付了包装费、运输费1万元，公司已完成了托收手续。

一个月以后，公司收到了对方公司支付的货款。

当该项业务发生以后，公司的会计人员首先编制了相应的会计分录，并填制相关凭证，具体如下。

借：应收账款　　595 000

　贷：主营业务收入　　500 000

　　应交税费——增值税　　85 000

　　银行存款　　10 000

如果在一个月后，企业收到对方银行转来的相应款项，那么小王就可以编制相应的会计分录如下。

借：银行存款　　595 000

　贷：应收账款　　595 000

此外，财务人员还需要填写相应的凭证，如图2-12所示。

记账凭证

填表日期：　　　　记 字　　号

摘要	科目编号	科目名称	借方金额									贷方金额									记账
			百	十	万	千	百	十	元	角	分	百	十	万	千	百	十	元	角	分	
销售商品	1122	应收账款		5	9	5	0	0	0	0	0										
	6001	主营业务收入											5	0	0	0	0	0	0	0	
	217101	应交税费一增值税												8	5	0	0	0	0	0	
	1002	银行存款												1	0	0	0	0	0	0	
合计				5	9	5	0	0	0	0	0		5	9	5	0	0	0	0	0	

附件　张

会计主管 章××　　记账 李××　　审核 吴××　　制单 汤××

图2-12 填写凭证

上例中的企业在发货以后，还未收到的59 500元货款就是企业的应收账款，应收账款除了如上的会计分录和会计凭证反映以外，还可以通过应收账款月报表和应收账款账龄分析表来表示，如图2-13和图2-14所示。

应收账款月报表					
制表日期：	2015 年 4 月 1				单位：元
序　号	客户名称	期初应收款	本期产生的应收款	款项收回金额	期末未收金额
1	罗先生	¥40 000.00	¥30 000.00	¥54 000.00	¥16 000.00
2	吴女士	¥21 000.00	¥37 200.00	¥50 200.00	¥8 000.00
3	张先生	¥19 500.00	¥43 000.00	¥34 500.00	¥28 000.00
4	林先生	¥37 500.00	¥63 000.00	¥68 500.00	¥32 000.00
5	王女士	¥44 000.00	¥69 000.00	¥84 000.00	¥29 000.00
合　计		¥162 000.00	¥242 200.00	¥291 200.00	¥113 000.00

图 2-13　应收账款月报表

应收账款账龄分析表						
当前日期：	2015-4-1					单位：元
开票日期	客户名称	应收金额	已收款金额	未收款金额	收款期（天）	到期日期
当前日期：	2015-4-1					单位：元
开票日期	客户名称	应收金额	已收款金额	未收款金额	收款期	到期日期
2015-1-6	刘先生	¥62 500.00	¥34 500.00	¥28 000.00	90	2015-4-6
2015-2-7	李女士	¥58 200.00	¥50 200.00	¥8 000.00	30	2015-3-6
2015-3-12	孙总	¥100 500.00	¥68 500.00	¥32 000.00	30	2015-4-11
	合计	¥221 200.00	¥153 200.00	¥68 000.00		
未到期金额	0～30 天	30～60 天	60～90 天	90 天以上	合计	百分比
¥60 000.00	¥-	¥-	¥-	¥-	¥-	0%
¥-	¥-	¥8 000.00	¥-	¥-	¥8 000.00	11%
¥-	¥-	¥32 000.00	¥-	¥-	¥32 000.00	47%

图 2-14　应收账款账龄分析表

2.4.2　公司是否欠债——负债

　　企业的家底可以用资产来表示，那么当企业存在一定的债务时，就需要用负债来表示。企业的负债可以划分为两大类，流动负债和长期负债，具体如图 2-15 所示。

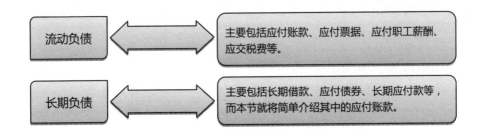

图 2-15　负债包含的两大类型

下面以常见的应付账款来说明。

【应付账款】

A 企业在 2015 年 4 月 10 日从外购入 2 台机器设备，经确认已经验收入库，同时对方还送来了增值税发票，在该发票上注明该价款为 30 万元，增值税为 5.1 万元，同时对方垫付运费 2 000 元，在双方的合同中，还约定如果 A 企业能在发货后 10 日付清所有的款项，则可以获得 1.2% 的现金折扣。

A 企业的财务人员根据该业务做了如下的会计分录的编制。

借：固定资产　　　　　　　　　　　　　　　　　302 000

　　应交税费——应交增值税（进项税）　　　　　51 000

　贷：应付账款　　　　　　　　　　　　　　　　353 000

上例中的机器设备的货款，在企业未支付之前，就属于企业的负债。企业发生的应付账款可以分为 3 个阶段：一是发生应付账款；二是偿还应付账款；三是转销应付账款。

在资产负债表中，有对应的应付账款会计科目，它是在年末时整个年度应付账款的汇总，如图 2-16 所示。

资产负债表			
负债及所有者权益	行次	期初数	期末数
流动负债：			
短期借款	1	¥150 000.00	¥350 000.00
应付账款	2	¥30 000.00	¥40 500.00

图 2-16　应付账款在资产负债表中的反映

对于负债，在这里只做简单的讲解，在第 6 章将会进行详细的讲解。

2.4.3　公司有多少股东——所有者权益

当企业的股东对企业进行投资或者在一定的投资年度以后进行追加投资时，从会计上来说，都将构成所有者权益。那么要知道企业的股东多少，规模如何，都可以从企业的所有者权益方面去了解。

所有者的权益包括企业的所有者们所投入的资本，直接计入所有者权益的利得和损失、留存收益等，常见的是实收资本、资本公积和留存收益，具体介绍如图 2-17 所示。

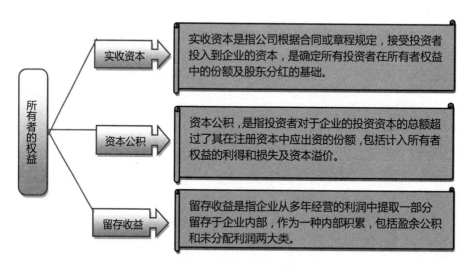

图 2-17　所有者权益的构成

下面对所有者权益构成中常见的实收资本进行了解，具体举例如下。

【所有者权益的实收资本】

章先生、李先生、刘先生共同设立了A有限责任公司，注册资本为500万元，他们分别持股40%、35%、25%，根据公司合同约定，他们的出资额分别为200万元、175万元、125万元，当三人都将各自的出资额足额地转入公司时，公司的财务人员就需要做出如下的账务处理。

借：应收票据   5 000 000.00

    贷：实收资本——章先生   2 000 000.00

                ——李先生   1 750 000.00

                ——刘先生   1 250 000.00

根据上述分录，当财务人员填写相应的会计凭证时。需要在凭证的借方填写增加的银行存款500万元，在贷方填写三人投资总额，总额=2 000 000+1 750 000+1 250 000=500万元，同时还需要根据会计编码规则填写相应的会计科目代码，如图2-18所示。

转账凭证						
2015 年 3 月 15 日				编号：0001		
序号	摘要	会计科目	科目代码	借方金额	贷方金额	附件3张
1	股东出资	应收票据	1121	5 000 000.00		
2		实收资本——章先生	400101		2 000 000.00	
		——李先生	400102		1 750 000.00	
		——刘先生	400103		1 250 000.00	
	合计：			5 000 000.00	5 000 000.00	
记账		出纳	制单	审核		

图2-18　"实收资本"会计凭证的填写

如上例所示，股东对企业的出资，可以根据具体的明细计入会计科目的"实收资本"科目。

股东的出资除了可以以银行存款的方式出资外，还可以以无形资产、固定资产、原材料等方式出资。

2.4.4 公司收入怎么样——收入

会计上的收入，是指企业在日常的经营活动中，导致所有者权益增加，却与所有者投入资本无关的经济利益的流入。

根据标准的不同，企业的收入分类也不同。根据交易性质来分类，分为销售商品收入、提供劳务收入、让渡资产使用权收入。

根据收入在经营业务中所占的比重的大小，可以将收入分为主营业务收入和其他业务收入，这也是我们在财务报表上常见的会计科目。

下面通过主营业务收入对企业的收入进行介绍。

【主营业务收入】

A 公司的主要业务是销售加工好的电子产品，在 2015 年 4 月 3 日，向 B 公司销售一批产品，并且在增值税的发票上注明了。该批产品的售价为 25 万元，增值税为 4.25 万元。

在发货后一个月，B 公司给 A 公司送来了一张不计利息的银行承兑汇票，票面面额为 29.25 万元，期限为 3 个月，该批产品的生产成本为 15 万元，并且产品在运送到对方公司的途中，支付运输费 1 500 元，通过库存现金支付。

在该业务发生后，A 公司的财务人员做了如下的账务处理。

借：应收票据	292 500
应收账款	1 500
贷：主营业务收入	250 000
应交税费——应交增值税（销项税）	42 500
库存现金	1 500

同时，企业还需要结转相关成本，由上例可知，企业的成本为 15 万元，那么企业的财务人员可做如下的会计分录。

借：主营业务成本	150 000
贷：库存商品	150 000

在销售产品后，就是产品货款的收回，当账款还未收回时，财务人员一般确认为应收账款。如果企业收回这些应收账款，那么就需要对应收账款进行相应的结转，同时销售收入符合收入确认条件的确认为主营业务收入，如图2-19所示。

转账凭证						
2015 年 5 月 3 日				编号：0058		附件 3 张
序号	摘要	会计科目	科目代码	借方金额	贷方金额	
1	收到支票	应收票据	1121	292 500.00		
2		应收账款	1122	1 500.00		
		主营业务收入	6001		250 000.00	
		应交税费——应交增值税（销项税）	21710105		42 500.00	
		库存现金	1001		1 500.00	
			合计：	294 000.00	294 000.00	
记账		出纳	制单	审核		

图 2-19　填写主营业务收入

此时，财务人员一定不要忘记对企业的成本进行结转时，需要填写相应的凭证，具体如图2-20所示。

转账凭证						
2015 年 5 月 3 日				编号：0030		附件 3 张
序号	摘要	会计科目	科目代码	借方金额	贷方金额	
1	计算成本	主营业务成本	6401	150 000.00		
2		库存商品	1406		150 000.00	
			合计：	150 000.00	150 000.00	
记账		出纳	制单	审核		

图 2-20　结转成本

通过上例，明白了什么是企业的主营业务收入及当收入确认以后，财务人员需要处理一些账务，在此过程中，一定要注意对相关的成本进行结转。

2.4.5　公司成本多大——费用

费用，简单理解就是企业在生产经营过程中，为了获得相应的收入而支付或耗费的各项资产。与企业的收入相对应，收入表示企业的经济效益增加，而费用则表示企业的经济收益减少。

根据不同的分类标准，费用也可以划分为不同的类型，如果按照费用的经济类型来划分，可以将费用划分为外购材料、外购燃料、外购动力、工资、职工福利、折旧费、利息支出、税金、其他支出等。

如果按照费用的经济用途来划分，可以将企业的费用划分为：直接材料、直接工资、其他支出、制造费用、期间费用。如果根据是否与产量相关，还可以将费用划分为固定费用、变动费用。

下面就根据会计计算上常见的制造费用为代表对费用进行说明。

【制造费用】

A 公司是一家电子企业，有自己的生产车间，在 2015 年 4 月 30 日，据统计车间发生了如下的经济业务。

4 月 10 日，企业支付车间两台机器设备的修理费 8 000 元，企业通过银行存款支付，财务人员据此做出如下的会计分录。

借：制造费用	8 000
贷：银行存款	8 000

在 4 月 15 日，企业车间主任报销差旅费 2 500 元，在 4 月 3 日，预借款 4 000 元，财务人员据此做出如下的会计分录。

借：制造费用	2 500
库存现金	1 500
贷：其他应收款	4 000

4 月 30 日，计提车间设备的折旧，累计为 3 万元，财务人员据此做出如下的会计分录。

借：制造费用	30 000
贷：累计折旧	30 000

最后，总计本月的制造费用的总和=8 000+2 500+30 000=40 500 元，因为该车间生产的产品为 A、B 两种产品，两种产品按一定的比例，分配制造费用，经计算得出，A 产品应分配 17 415 元，B 产品应分配 23 085 元。

根据如上的计算，财务人员据此做出如下的会计分录。

借：生产成本—— 基本生产成本——A 产品　　　　　17 145

　　　　—— 基本生产成本——B 产品　　　　　23 085

　　贷：制造费用　　　　　　　　　　　　　　　40 500

企业的制造费用是企业为了组织与管理所发生的各项费用，但是一般生产费用的主体单位不是企业的管理部门，而是与企业的生产单位相关，如生产单位的机器设备修理费、折旧费、水电费等。

制造费用和管理费用一样，不能归属于生产产品的直接费用。一般来说，企业会单独设置制造费用科目，设置与此相关的总分类账户和明细账。

同时，一定不要将企业的生产成本和企业的费用等同。

2.4.6　公司盈利多少——利润

对于企业来说，企业经营的核心价值在于通过最小的成本实现价值的最大化，企业的管理者们通过一定的经营管理，都希望获得相当的利润，而不是年年亏损。因此，除了对企业的资产及负债的关注，企业老板们更为关心利润多少，而对利润的最直接反映就是利润表。

与资产负债表、现金流量表、所有者权益变动表相似，利润表是对于与利润相关的会计科目进行汇总。

利润表是反映企业在一定的会计期间经营成果的财务报表，它可以在内部为企业的管理者做出经营决策、考核内部经营成效提供一定的依据，同时也可以为企业外部投资者注资或者股东追加投资提供一定的决策依据。

利润表的计量方法一般可分为两类：一是根据企业的资产负债表决定，可简单理解为资产负债观；二是根据企业的收益决定，可理解为收入费用观。企业的利润表，如图 2-21 所示。

利润表		
		会企 02 表
编制单位：××股份有限公司　　　　2014 年度		单位：元
项目	本期金额	上期金额（略）
一、营业收入	5 000 000.00	
减：营业成本	295 000.00	
营业税金及附加	40 000.00	
销售费用	30 000.00	
管理费用	230 000.00	
财务费用	80 000.00	
资产减值损失	90 000.00	
加：公允价值变动收益（损失以"–"号填列）	0	
投资收益（损失以"–"号填列）	50 500.00	
其中：对联营企业和合营企业的投资收益	0	
二、营业利润（亏损以"–"号填列）	4 321 500.00	
加：营业外收入	80 000.00	
减：营业外支出	55 700.00	
其中：非流动资产处置损失		
三、利润总额（亏损总额以"–"号填列）	4 185 800.00	
减：所得税费用		
四、净利润（净亏损以"–"号填列）		
五、每股收益：		
（一）基本每股收益		
（二）稀释每股收益		

图 2-21　企业利润表

利润表的编制及其中的数据填写，在这里不再赘述，具体见第 6 章。

3

新公司财务之基石
——会计凭证

如同盖一栋大楼，它需要一定的基石。新公司的财务也一样，无论是投资者、管理者、企业的财务人员，了解财务最重要的基石便是——会计凭证，它是新公司进行建账或制作财务报表的奠基石。

会计凭证小分类
如何装订会计凭证
保管期限有多长
凭证销毁程序
简单认识原始凭证
原始凭证的填写与审核
原始凭证的更正与粘贴
外来原始凭证如何处理
简单认识记账凭证
记账凭证必须具备的内容
记账凭证这样填
简单审核记账凭证

3.1 轻松掌握会计凭证

如果老板们或财务总监最关心的财务报表是一栋栋大楼，那么会计凭证就是它的基石，只有保证它的正确无误，这些大楼才能屹立不倒。

3.1.1 会计凭证小分类

会计凭证是一种用来反映企业各项经济业务发生的一些书面证明，常分为两大类，原始凭证和记账凭证，两者具体的区别如图 3-1 所示。

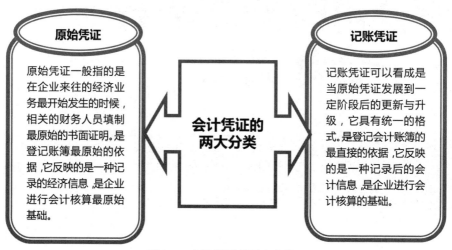

图 3-1　会计凭证的两大分类

在原始凭证和记账凭证下，有不同的分类，如表 3-1 所示。

表 3-1　会计凭证分类

原始凭证		记账凭证	
自制原始凭证		通用记账凭证	
	一次凭证	专用记账凭证	收款凭证
	累计凭证		付款凭证
	汇总原始凭证		转账凭证
		单式记账凭证	
外来原始凭证		复试记账凭证	

日常购物明细是不是原始凭证

只有正规的原始凭证才可入账,正规发票上都有税务局监制的椭圆红章,一般的购物清单,如超市购买日常用品后的货物明细单,不能作为单据进行入账,必须是正规的发票,如果需要入账,可以在柜台要求开发票。

3.1.2 如何装订会计凭证

对于企业来说,除了一套电脑账目外,还有一套手工账目,手工账目中的大量会计凭证需要进行一定的整理及汇总,并需要将会计凭证进行装订。那么该如何装订企业的会计凭证呢?

一般来说,装订就是将一札一札的会计凭证装订成册,从而方便保管和利用。装订之前,首先需要进行预估,看一个月的记账凭证究竟订成几册为好。要在装订中注意,不能把几张应属于一份记账凭证附件的原始凭证拆开装订在两册之中,同时还要注意保持每册的厚薄基本一致,做到不仅美观而且方便翻阅。

常用的装订凭证的方法,如图3-2所示。

1	将凭证封皮和封底裁开,分别附在凭证前面和后面,同时不要忘记护角线。
2	在凭证的左上角画一个边长为5厘米的等腰三角形,用夹子夹住,用装订机在底线上分布均匀地打两个孔,并用大头针引线绳穿过两个孔。
3	如果用的是回形别针,那么就需要将针顺直,然后两端折向同一个方向,折向时将线绳夹紧,即可把线引过来在凭证的背面打结。
4	将护角向左上侧面折,并将一侧剪开到凭证的左上角,然后抹上胶水。
5	向上折叠,将侧面和背面的线绳扣粘死。
6	等到胶水晾干后,在凭证本的侧脊上面写上"某年某月第几册共几册"的字样。装订人在装订线封签处签名或者盖章。现金凭证、银行凭证、转账凭证最好依次顺序进行编号,一般一个月从头编一次序号。

图3-2 会计凭证装订的方法

在装订过程中一定要注意，凭证的厚度应以 1.5～2.0 厘米为宜。不能太薄，不利于戳立放置，也不能过厚，不便于翻阅核查。同时凭证装订成册，一般以月份为单位，每月订成一册。对于凭证较少的新公司来说，可以将若干个月份的凭证合并装订成一册，并在封皮注明本册所含的凭证月份。

在装订时还要注意，如果对于一些原始凭证体积过大的，为了账册的美观，需要进行一定的折叠，保持美观，同时方便以后查询，可以以三角形的样式进行折叠。

在装订之前，需要完成一系列的准备工作，如图 3-3 所示。

①对凭证进行分类整理，按一定的顺序排列，并检查日期、编号是否齐全。

②按凭证汇总日期归集，确定装订成册的本数。

③摘除凭证内的金属物，如大头针，避开装订线，折叠较大的记账凭证。

④整理检查凭证顺序号，发现缺号要查明原因。再检查原始凭证的附件是否漏缺。

⑤查看记账凭证上有关人员，如财务主管、复核、记账、制单等的印章是否齐全。

⑥装订工具的准备。

图 3-3 装订凭证前的准备工作

装订凭证时需要的工具

装订凭证时，常用到的工具包括小铁锤、装订机或小手电钻、线绳、大头针、铁夹、胶水、凭证封皮、包角纸。

当凭证装订完成以后，最后一个步骤便是将装订好的凭证放入相应的档案柜里，便于以后进行查阅。

3.1.3　保管期限有多长

如同我们的档案具有一定的保管期限一样，企业的会计凭证同样具有一定的保管期限，那么企业的会计凭证到底能保管多长时间呢？

下面对于会计凭证、会计账簿、会计报表等会计档案的保管期限进行简单介绍。

根据《会计档案管理办法》规定，档案名称及保管期限备注如表 3-2 所示。

表 3-2　会计档案的保管期限

分类	品种	保管期限
会计凭证	原始凭证	15 年
	记账凭证	15 年
	汇总凭证	15 年
会计账簿	总账	15 年包括日记总账
	明细账	15 年
	日记账	15 年（现金和银行存款日记账保管 25 年）
	固定资产卡片	固定资产报废清理后保管 5 年
	辅助账簿	15 年
财务报告	月、季度财务报告	3 年（包括文字分析）
	年度财务报告(决算)	永久（包括文字分析）
其他	会计移交清册	15 年
	会计档案保管清册	永久
	会计档案销毁清册	永久
	银行余额调节表	5 年
	银行对账单	5 年
	国家金库编送的各种报表	10 年

从表 3-2 可以看出，会计档案的保管期限，根据其特点分为永久、定期两类。永久档案即长期保管，不可以销毁的档案；定期档案根据保管期限分为 3 年、5 年、10 年、15 年、25 年 5 种。而会计档案的保管期限，一般从会计年度终了后的第一天算起。

3.1.4 凭证销毁程序

我们知道，企业的会计凭证都有一定的保管期限，如 15 年。当保管期满，为了更好地节省空间及资源，就需要对保管期满的凭证进行销毁，但是财务人员不得私自销毁凭证，要遵循一定的程序。

凭证销毁的具体程序如图 3-4 所示。

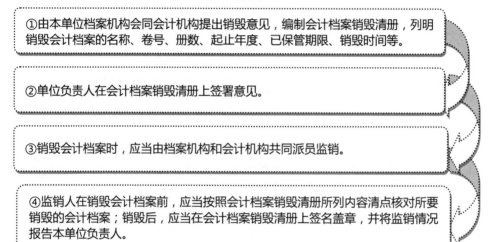

①由本单位档案机构会同会计机构提出销毁意见，编制会计档案销毁清册，列明销毁会计档案的名称、卷号、册数、起止年度、已保管期限、销毁时间等。

②单位负责人在会计档案销毁清册上签署意见。

③销毁会计档案时，应当由档案机构和会计机构共同派员监销。

④监销人在销毁会计档案前，应当按照会计档案销毁清册所列内容清点核对所要销毁的会计档案；销毁后，应当在会计档案销毁清册上签名盖章，并将监销情况报告本单位负责人。

图 3-4　凭证销毁的程序

在凭证销毁过程中一定要注意，有两大类凭证不能进行销毁，具体如图 3-5 所示。

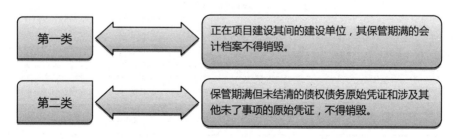

第一类 　正在项目建设其间的建设单位，其保管期满的会计档案不得销毁。

第二类 　保管期满但未结清的债权债务原始凭证和涉及其他未了事项的原始凭证，不得销毁。

图 3-5　不能销毁的两大类凭证

对于上述的第二类凭证，应当单独抽出立卷，并且保管到未了事项完结时为止。单独抽出立卷的会计档案，应当在会计档案销毁清册和会计档案保管清册中进行说明。

3.2　第一层基石——原始凭证

如同我们可以将大楼的基石分为几层，对于会计凭证也如此，我们也可以以第一层、第二层、第三层等方式来区分，那么在会计凭证里，作为第一层基石的就是原始凭证。

3.2.1　简单认识原始凭证

前面我们对原始凭证有了一定的了解，我们知道，原始凭证可以分为自制原始凭证和外来原始凭证，那么怎么区分这两种凭证呢？

自制原始凭证一般是指在经济业务事项发生或完成时，由本单位内部的经办部门或人员填制的凭证，如企业的收料单、领料单、出库单等，如图 3-6 所示。

原始凭证分割单														
年　月　日　　　　编号														
接受单位名称				地址										
原始凭证	单位名称			地址										
	名称		日期		号码									
总金额	人民币（大写）				千	百	十	万	千	百	十	元	角	分
分割金额	人民币（大写）				千	百	十	万	千	百	十	元	角	分
原始凭证主要内容，分割原因														
备注														
单位名称（公章）：　　　　会计：　　　制单：														

图 3-6　自制原始凭证

一般来说，原始凭证需要包括几点基本内容：原始凭证名称、填制原始凭证的日期、接受原始凭证单位名称、经济业务内容（含数量、单价、金额等）、填制单位签章、有关人员签章和凭证附件等。

自制的原始凭证按照填制手续的不同，又可分为一次凭证、累计凭证和汇总原始凭证，具体如图 3-7 所示。

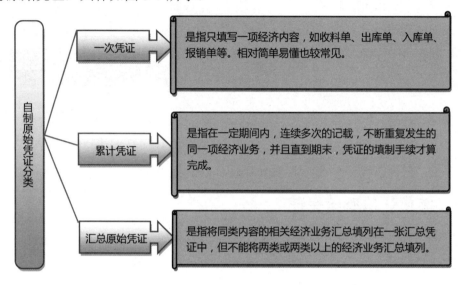

图 3-7　自制原始凭证的分类

3.2.2　原始凭证的填写与审核

了解原始凭证后，接下来就需要知道如何填写及审核凭证，这对于新公司的财务人员来说，也算一场基础测验。

财务人员在填写原始凭证时，一定要注意如图 3-8 所示的几点。

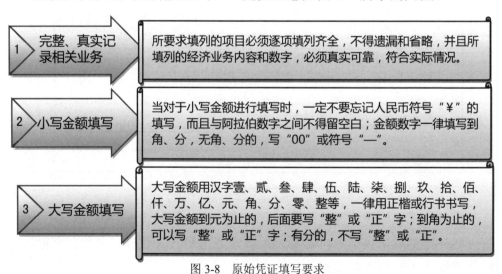

图 3-8　原始凭证填写要求

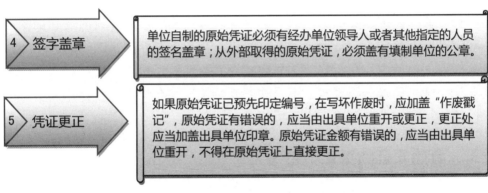

图 3-8　原始凭证填写要求（续）

审核原始凭证需要注意事项如图 3-9 所示。

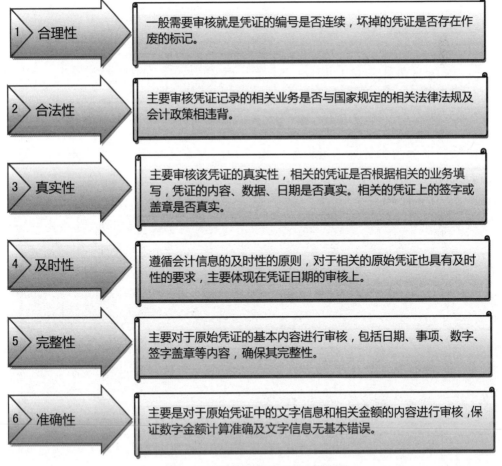

图 3-9　审核原始凭证需要注意事项

当所有的凭证都满足以上特点时，应及时根据相应的原始凭证编制记账凭证，对于真实、合法、合理但内容不够完善、填写有错误的原始凭证，应退回给有关经办人员，由其负责将有关凭证补充完整、更正错误或重开后，再办理正式会计手续。而对于不真实、不合法的原始凭证，会计机构和会计人员有权不予以接受，并向单位负责人进行报告。

3.2.3 原始凭证的更正与粘贴

相对来说，原始凭证需要遵循一定的会计法律法规。原始凭证上的基本内容不能涂改，所以在更正原始凭证的错误时需要注意两点，具体如图 3-10 所示。

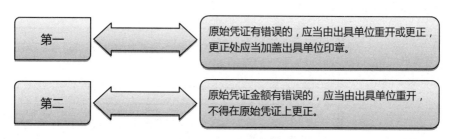

| 第一 | 原始凭证有错误的，应当由出具单位重开或更正，更正处应当加盖出具单位印章。 |
| 第二 | 原始凭证金额有错误的，应当由出具单位重开，不得在原始凭证上更正。 |

图 3-10 原始凭证的错误更正

原始凭证作为会计凭证最原始的依据，因此需要粘贴在记账凭证后，便于对相关凭证查询时一目了然，如图 3-11 所示。

图 3-11 粘贴原始凭证

原始凭证的粘贴一般要求达到"四边齐、表面平、无凹凸、书本型"的标准，即表面平整，左边和中间无凹凸现象，上下左右各成平面，而且凭证内部分类清晰、位置到位、排列美观、数量易记。

当粘贴原始凭证时需要注意以下几点，如图 3-12 所示。

粘贴位置

将已填写完毕的正式报销单粘贴在已贴好的原始报销凭证的空白报销单上，并且注意将左面对齐粘贴。

粘贴顺序

在空白报销单上将原始报账凭证按小票在下、大票在上的要求，从右至左呈阶梯状依次粘贴。

粘贴规则

原始凭证粘贴的规则是从下向上，从右向左，齐线齐边，超大剪折。具体操作时，只需粘牢原始凭证的左侧部分，不用将背面全部贴实。

报销类原始凭证粘贴

原始凭证应按照报销的经费项目进行分类整理，如办公费、招待费、差旅费、车辆使用费等，应按照类别分别粘贴，把相同费用项目的原始凭证粘贴在一起。

注意事项一

将胶水涂抹在票据左侧背面，从装订线开始粘贴，将票据向右边均匀排开横向粘贴，注意不要将票据集中在粘贴纸中间，以免装订起来不整齐。

注意事项二

粘贴的原始凭证必须在粘贴单的装订线内，上方及右方不得超出粘贴线，个别规格参差不齐的凭证，可先裁边整理后再行粘贴，但必须保证原始凭证内容的完整性。每张发票均应直接粘贴在单据单上，而不能发票粘在发票上，以免日后全部脱落丢失。

图 3-12　粘贴原始凭证需要注意的几点

除了根据上述几点进行凭证粘贴外，还会根据凭证的分类进行粘贴。根据粘贴纸的标准，可将需要粘贴的纸张分为一般凭证、同规格凭证、超大凭证三大类，具体内容如图 3-13 所示。

图 3-13 粘贴原始凭证

同时要注意粘贴好的原始凭证与记账凭证要一起加封面进行装订，在粘贴时还要注意，千万不能将原始凭证用订书钉钉在一起，特殊情况除外，如一些出差的火车票或汽车票。

除此之外，也不能将原始凭证摞成一叠粘在一起，并且粘在《报销凭证粘贴用纸》的中间，把它附在记账凭证后面，这样会造成记账凭证左边装订处出现空隙，从而使凭证难装订或装订不牢。

3.2.4　外来原始凭证如何处理

我们知道，企业除了自制的一些原始凭证以外，还存在外来的原始凭证。外来的原始凭证是指在经济业务发生或完成时从其他单位或个人直接取得的原始凭证，是一种对于物品来源的最初证明。

外来原始凭证都是一次性的凭证外购入材料、入库商品、机器设备等相应票据。外来原始凭证一般由税务局等部门统一印制，或经税务部门批准由经济单位印制，在填制时加盖出据凭证单位公章方有效，对于一式多联的原始凭证必须用复写纸套写，如图3-14所示。

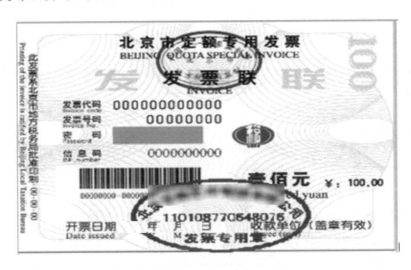

图3-14 外来原始凭证

外来原始凭证需要包含一些内容如图3-15所示。

凭证名称

一般来说，外来原始凭证必须有明确的名称，以便于财务人员对于凭证的管理和业务处理。

凭证填制日期

凭证填制的日期就是经济业务发生的日期，是对于相关经济业务一种及时记录。

凭证填制人

填制凭证的单位或个人是经济业务发生的证明人，对于经济业务必须清楚掌握。

高估自己的投资能力

盲目冒险，风险偏好者，不论市场时机，频繁操作，结果可能高投资低回报。

图3-15 外来原始凭证包括的基本内容

经济业务的填写完整

完整地填写经济业务的内容，以便于以后凭证审核时，对于其真实性、合理性、合法性进行判定。

数量、单价、金额的填写

这是经济业务发生的量化证明，是保证会计资料真实性的基础。特别是大、小写金额必须按照规定完整填写，以避免出现舞弊行为。

接受凭证单位名称

哪一家接受该凭证，都必须有单位盖章，以证明经济业务是否确实是该单位发生的，便于记账和查账。

经办人员的签名或盖章

凭证上的签名、盖章人，是经济业务的直接经办人，签名、盖章可以相对明确其经济责任。

图 3-15　外来原始凭证包括的基本内容（续）

外来原始凭证除了具有上述的一些基本内容外，企业在接手时还需要注意一些问题，具体如图 3-16 所示。

①职工公出借款填制的借款凭证，必须附在记账凭证之后。

②支付款项的原始凭证，必须要有收款单位和收款人的收款证明。

③从外单位取得的原始凭证，应使用统一发票，发票上应印有税务专用章。

④购买实物的原始凭证，必须有验收证明。

⑤经上级有关部门批准的经济业务事项，应当将批准文件作为原始凭证的附件。

⑥销售货物发生退回并退还货款时，必须以退货发票、退货验收证明、对方的收款收据作为原始凭证。

图 3-16　企业收到外来原始凭证需要注意的问题

企业收到外来原始凭证后，财务人员还需要对相关的凭证进行审核，那么审核时该从哪些方面着手呢？一般可以从三个方面来审核，具体如图 3-17 所示。

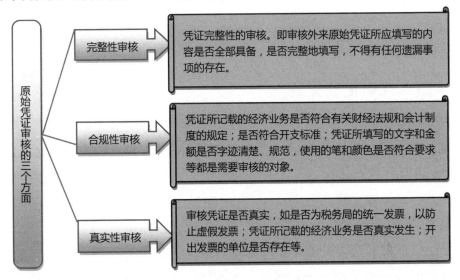

图 3-17　外来原始凭证审核的三个方面

如果在审核过程中审核到问题，一定要进行处理，如常见的两大问题，如图 3-18 所示。

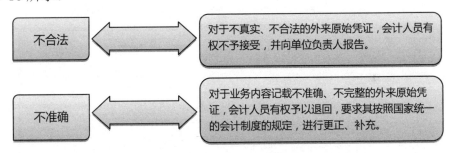

图 3-18　常见的外来原始凭证的两大问题

当我们已经对外来原始凭证有了一定的了解后，我们来做一个小测试。

下面哪些属于外来原始凭证

a. 从企业外部取得的 b. 累计凭证 c. 由会计人员填制 d. 一次凭证 e. 收款凭证。

答案：（ac）解析看前面。

3.3 第二层基石——记账凭证

对于会计凭证的第一层基石原始凭证有了一定的了解以后，我们就可以登上一个梯阶，看看它的第二层基石——记账凭证。

3.3.1 简单认识记账凭证

我们知道，记账凭证可以分为两大类：一是专用的记账凭证，二是通用的记账凭证。专用凭证是指专门用来记录一种经济业务的记账凭证，可分为收款凭证、付款凭证、转账凭证。在日常的账务处理中，最常见的就是这三种凭证。

下面从简单的通用凭证开始认识，相对来说，通用凭证是使用统一的格式，能够记录企业所有业务的一种记账凭证，比较适合规模不大，经纪业务的数量也相对较小，同时收付款业务都相对较少的中小型企业。

通用记账凭证填制起来相对简单，需要填制凭证日期，凭证号、摘要、会计科目、借贷方金额等，如图 3-19 所示。

记 账 凭 证

年 月 日

凭证字：
凭证号：

摘 要	会 计 科 目	借方金额	贷方金额
合 计			

附件 张

财务主管： 记账： 复核： 制单： 出纳： 交领款人：

图 3-19 通用的记账凭证

企业专用的记账凭证与通用的记账凭证有一定的差别，首先，我们从收款凭证开始认识。收款凭证一般用来记录关于银行存款或现金的收款业务的凭证，分别根据与现金或银行存款相关的原始凭证填制，具体如图 3-20 所示。

收　款　凭　证

总 号	
分 号	

借方科目　　　　　　　　　　　　　　　　年　　月　　日　　　　　　　附件　　　　　张

摘　　　　要	应　贷　科　目		过帐	金　　额
	一级科目	二级及明细科目		亿千百十万千百十元角分

财会主管　　　　　记帐　　　　　出纳　　　　　复核　　　　　制单

图 3-20　收款凭证

如图 3-20 所示，收款凭证一般有"收款凭证"字样，在填写时首先需要填写借方科目，如企业收回应收票据 10 万元，那么在上例的收款凭证中，借款科目，可填写银行存款，摘要中可填写企业收回应收票据，一级科目中可填写应收票据，二级科目中可填写××公司，并在金额栏，填写数字 10 万元。填写完整后，需要财务主管、出纳、制单、审核分别签字。

付款凭证如图 3-21 所示。

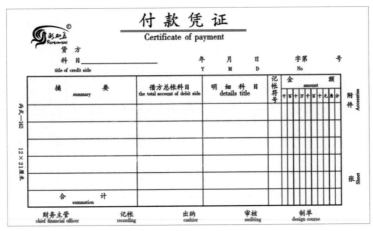

图 3-21　付款凭证

除了收付款凭证外，还有一种凭证，它反映的是与现金或银行存款的收付业务无关，一般根据有关转账业务的原始凭证填制而成，具体如图 3-22 所示。

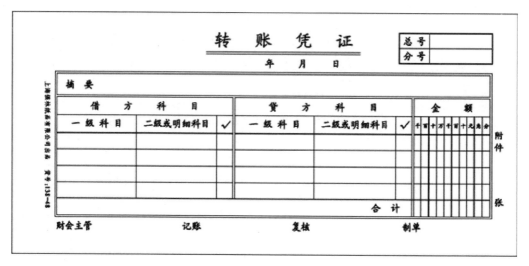

图 3-22 转账凭证 1

　　转账凭证的填写和收付款凭证的填写相似，不同的是，在金额栏内，需要对于借方的一、二级科目及贷方的一、二级科目都进行填写，而且数据要保持平衡，即借方金额和贷方金额一般要相等。

　　市场上存在的转账凭证也有不同的样本，如 3-23 所示。

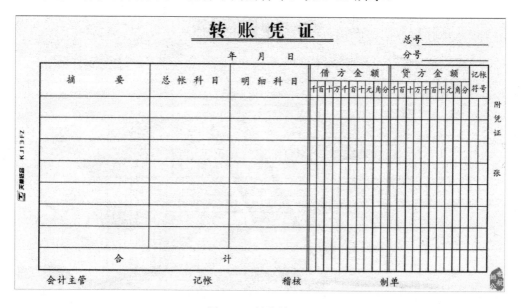

图 3-23 转账凭证 2

　　除了上述的一些凭证，记账凭证根据填制方式的不同还可以分为复式凭证和单式凭证，具体如图 3-24 所示。

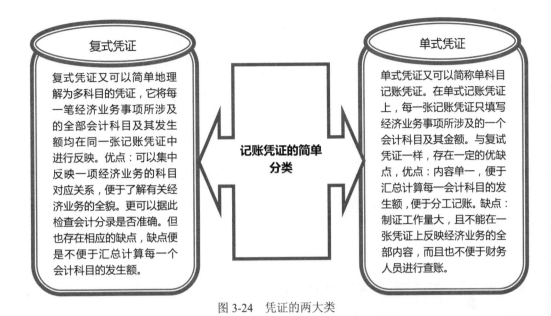

图 3-24　凭证的两大类

为了更形象地了解什么是复式凭证和单式凭证，以图形的方式展示，如图 3-25 和图 3-26 所示。

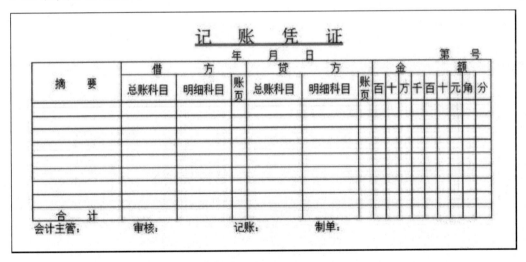

图 3-25　复试凭证

单式凭证具体如图 3-26 所示。

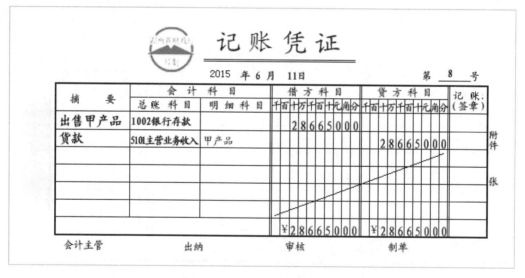

图 3-26　单式凭证

3.3.2　记账凭证必须具备的内容

一张记账凭证上都需要包含哪些内容呢？首先，我们来看某公司的一张记账凭证，具体如图 3-27 所示。

图 3-27　某公司记账凭证

记账凭证需要具备以下内容，具体如图 3-28 所示。

凭证填制的日期

收款凭证和付款凭证填制日期要按货币资金的实际收入或实际付出日期填写；转账凭证的填制日期可按收到原始凭证的日期填写，也可按编制记账凭证的日期填写。

凭证编号

凭证编号是为了以后凭证查找方便。

所附原始凭证的张数

原始凭证是编制记账凭证的依据，必须在记账凭证上填写所附原始凭证的张数，而且两者必须相符。

凭证摘要

凭证的摘要是对发生的经济业务的一种简要说明，如购买办公用品、购买原材料、支付员工工资等。

会计科目

会计科目是会计账户的名称，要准确地填写，如果通过电脑填制凭证，则只需选择系统已有的会计科目就好。

数字金额

记账凭证所列金额是会计核算的基础，特别要注意，数字书写一定要符合规范，如果通过电脑填写相应的数字，那么一定要注意数字填写的位置。

会计人员签字或盖章

在凭证的最下方，需要对于填制凭证人员、稽核人员、记账人员、会计主管等签名或盖章，以便于明确相应的经济责任。

图 3-28　记账凭证需要具备的内容

3.3.3　记账凭证这样填

了解了记账凭证的相关内容后，接下来就可以填写相应的记账凭证。下面以常见的收款凭证、付款凭证、转账凭证为例进行介绍。收款凭证的具体填写事项，如图 3-29 和图 3-30 所示。

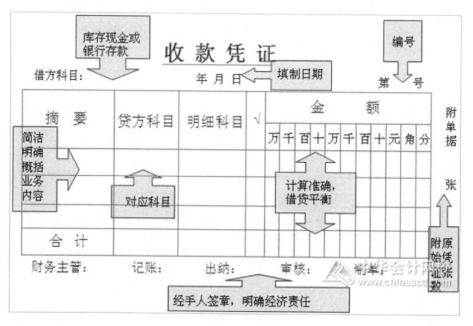

图 3-29　收款凭证填写事项

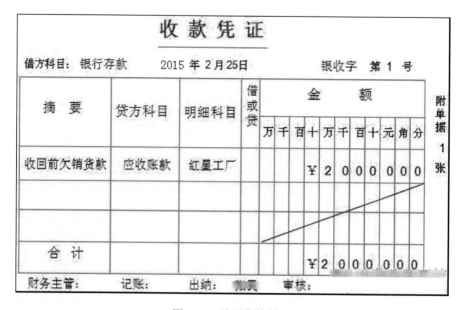

图 3-30　填写收款凭证

付款凭证的编制方法与收款凭证基本相同，只是左上角的"借方科目"换为"贷方科目"，凭证中间的"贷方科目"换为"借方科目"。对于涉及"现金"和"银行存款"之间的经济业务，为避免重复，一般只填制付款凭证，而不填制收款凭证，具体如图3-31所示。

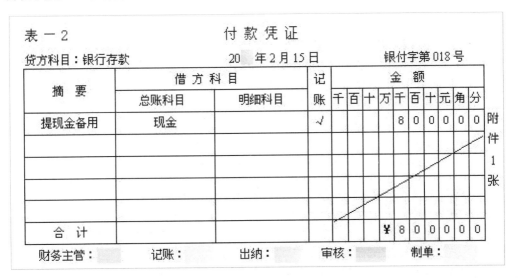

图 3-31 填写付款凭证

转账凭证是将经济业务事项中所涉及全部会计科目，按照先借后贷的顺序计入"会计科目"栏中的"一级科目"和"二级及明细科目"，并按应借方、应贷方向分别记入"借方金额"或"贷方金额"栏，如图3-32所示。

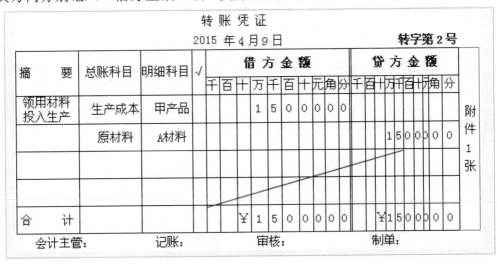

图 3-32 填写转账凭证

但在填写记账凭证时，要注意以下几点，如图 3-33 所示。

附件单据数量

对于记账凭证中所附的原始凭证张数，一般以所附原始凭证自然张数为准。

原始凭证分割单

一张原始凭证所列的支出需要由几个单位共同负担时，应当由保存该原始凭证的单位开具原始凭证分割单给其他应负担的单位。

原始凭证一对多

一张原始凭证如涉及几张记账凭证的，可以把原始凭证附在一张主要的记账凭证后面，并在其他记账凭证上注明附有该原始凭证的编号或复印件。

凭证填写错误

如果财务人员在填制记账凭证时发生错误，那么应当重新填制。

红字填写凭证

已登记入账的记账凭证在当年内发现填写错误，可以用红字填写一张与原内容相同的记账凭证，并在摘要栏注明"注销某月某日某号凭证"字样，同时再用蓝字重新填制一张正确的记账凭证，注明"订正某月某日某号凭证"字样。

凭证的金额填写错误

如果会计科目没有错误，只是金额错误，可将正确数字与错误数字之间的差额，另编一张调整的记账凭证，调增金额用蓝字、调减金额用红字。

凭证填写完成后的划线注销

记账凭证填制完成，如有空行，应当自金额栏最后一笔金额数字下的空行处至合计数上的空行处划线注销。

图 3-33　填写记账凭证需要注意的事项

3.3.4 简单审核记账凭证

当财务人员填制好相应的记账凭证后，必须经过其他会计人员认真审核。

在审核记账凭证的过程中，如发现记账凭证填制有误，应当按照规定的方法及时更正。

经过审核无误后，记账凭证才能作为登记账簿的依据。而记账凭证的审核主要可以从以下三个方面来说明，具体如图 3-34 所示。

来源是否准确

记账凭证是否附有原始凭证，记账凭证的经济内容是否与所附原始凭证的内容相同。

凭证的内容准确性审核

在具体的凭证填写中，对于其中的应借应贷的会计科目（包括二级或明细科目）对应关系是否清晰、借贷金额是否正确、借贷双方是否平衡。

凭证的内容完整性审核

对于记账凭证中的各个事项是否填制完整，是否忘记填写摘要，相关的财务人员的签字、盖章等是否齐全。

图 3-34 记账凭证审核的三大内容

记账凭证的审核和原始凭证审核的不同点与相同点如表 3-3 和表 3-4 所示。

表 3-3 记账凭证和原始凭证审核的不同点

名称	说明
合理性	审核原始凭证所记录的经济业务是否符合生产经营需要
合法性	审核原始凭证所记录的经济业务是否有违反国家法律法规的情况，是否有贪污腐化等行为，而记账凭证不需要审核这一条

表 3-4 记账凭证和原始凭证审核的相同点

名称	说明
完整性	需要审核两者之间的填写项目是否完整
真实性	审核原始凭证日期是否真实、业务内容是否真实、数据是否真实等；审核记账凭证是否附有原始凭证为依据，记账凭证的内容是否与原始凭证一致
正确性	原始凭证金额计算及填写是否正确；记账凭证科目、金额、书写是否正确

下面通过凭证进行相应的账务处理。

【根据经济业务填写凭证】

A 公司是增值税的一般纳税人，向工商银行申请银行汇票用来购买原材料，并且从公司账户将 50 万元转作银行汇票存款，一个月后，公司为了生产经营的需要，销售了一批库存商品 15 万元，增值税 2.55 万元，同时公司以现金的方式支付在销售管理中的各种费用 5 000 万元。

据此填写相应的收款凭证。摘要栏：销售库存商品，一级科目栏：主营业务收入和应交税费，二级科目：应交税费——应交增值税，金额填写：主营收入：15 万元，增值税为 2.55 万元，具体如图 3-35 所示。

图 3-35 根据业务填写收款凭证

4

新公司账簿知多少

自古以来，各行各业对于经营的所得都会有几本账簿，到现在，这样的账簿仍应用于各行各业，不过已经没有算盘，而是通过电脑计算而得，我们称这类账簿为会计账簿，那么对于新公司的会计账簿你又知道多少呢？

会计账簿的简单分类
等级会计账簿前的准备工作
等级不同种类的会计账簿
对账的常见方法
有理有据——账证核对
一对一分析——账账核对
用事实说话——账实核对
如何更正错账
新旧会计账簿如何更换

4.1 新公司账簿基础认知

会计账簿是按照会计科目开设账户、账页，以会计凭证为依据，用来序时、分类地记录和反映经济业务的簿籍。

对原始凭证和记账凭证进行数据加工以后，接下来就是对会计账簿进行登记。在登记前，首先需要了解什么是会计账簿及如何登记，以及如何更正错误的会计账簿。

4.1.1 会计账簿的简单分类

不同的企业、不同的规模、不同的需求，企业使用的会计账簿也有一定的差别，具体选用哪一种，我们应在对不同账簿了解的基础上进行选择。

首先根据账簿的用途来划分，会计账簿可以分为以下几种类型，如图 4-1 所示。

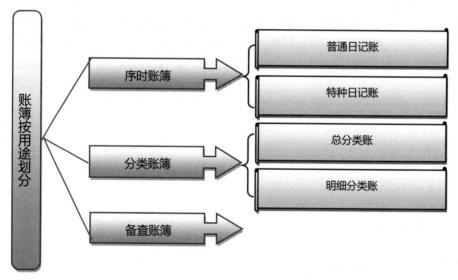

图 4-1　按照用途划分的账簿类型

（1）序时账簿

序时账簿是按照经济业务发生或完成时间的先后顺序逐日逐笔进行登记的账簿。因此序时账簿又可以理解为各种日记账。

序时账簿按照记录内容的不同，分为普通日记账和特种日记账。普通日记账是典型的逐日逐笔登记的全部经济业务的序时账簿；特种日记账则是逐日逐笔登记某一项经济业务的序时账簿，如库存现金日记账和银行存款日记账。

现金日记账是用来登记库存现金每天的收入、支出、结存情况的账簿。企业应按币种设置现金日记账进行明细分类核算。现金日记账的格式一般有"三栏式"、"收付式"和"多栏式"3种，如图4-2~图4-4所示。

现 金 日 记 账

2015 年		凭证字号	摘要	对方科目	收入	付出	结存
月	日						
2	1		期初余额				1 800
	4	银付3	提现（发工资）	银行存款	20 000		21 800
	5	现付1	发放工资	应付工资		20 000	1 800
	9	银付5	提现（备用）	银行存款	5 000		6 800
	14	现付2	王某暂借差旅费	其他应收款		2 000	4 800
	19	现付3	代垫运杂费	应收账款		800	4 000
	23	现付4	支付办公费	管理费用		500	3 500
	26	现收1	王某报销差旅费	其他应收款	100		3 600
	28		本月合计		25 100	23 300	3 600

图4-2 三栏式现金日记账

现 金 日 记 账

20××年度 第1页

××年		凭证		摘要	对方科目	收入									支出									金额								
月	日	字	号			千	百	十	万	千	百	十	元	角	分	千	百	十	万	千	百	十	元	角	分	千	百	十	万	千	百	十	元	角	分
4	1			月初余额																									4	0	0	0	0	0
	2	收	2	零售收现	主营业务收入					8	0	0	0	0																			
		付	3	预支差旅费	其他应收款															4	0	0	0	0								
		付	4	付困难补助	应付福利费															6	0	0	0	0								
		付	11	购办公品	管理费用														1	3	6	0	0	0								
4	2			本日小计						8	0	0	0	0					2	3	6	0	0	0				2	4	4	0	0	0
				……	……																												
				本月合计				2	2	6	8	0	0	0			1	2	0	8	0	0	0				1	4	6	0	0	0

图4-3 收付式现金日记账

现金日记账　（多栏式）

2015年		凭证号数	摘要	对应账户（贷方）		现金收入合计	对应账户（借方）				现金支出合计	余额
月	日			银行存款	营业外支出		材料采购	应付工资	营业外收入	其他应收款		
6	1		期初余额									200
			提取现金准备									
			发工资	10		10						10
			发放工资	000		000		10			10	200
			支付购样搬					000			000	200
			运　费				30					
			出租会场收入		50						30	170
			支付退休金			50			150			220
			提取现金备用								150	70
			预支差旅费	300		300				100		370
											100	270
	30		本期发生额及期末余额	10 300	50	10 350	30	10 000	150	100	10 280	270

图 4-4　多栏式现金日记账

银行存款日记账是专门用来记录银行存款收支业务的一种特种日记账，必须采用订本式账簿，其账页格式一般采用借方、贷方、余额三栏式，如图 4-5 所示。

银行存款日记账

第　　页

年		凭证		摘要	借方	贷方	借或贷	余额	核对
月	日	种类	号数		亿千百十万千百十元角分	亿千百十万千百十元角分		亿千百十万千百十元角分	

图 4-5　三栏式银行存款日记账

（2）分类账簿

分类账簿是对各项经济业务按照所涉及的经纪业务的性质进行分类登记的账簿，一般包括总分类账簿和明细分类账簿。其中，按照总分类账户分类登记经济业务事项的是总分类账簿，简称总账，按照明细分类账户分类登记经济业务事项的是明细分类账簿，简称明细账。

首先来认识一下总分类账簿，总分类账的账页格式，一般采用“借方”、“贷方”和“余额”三栏式，当然也可以根据实际需要，在“借方”和“贷方”两栏内增设“对方科目”栏。

随着会计电算化走入企业，无论是凭证还是账簿，在进行账务处理时，都有一定的区别，如图 4-6 和图 4-7 所示。

文件(F)　编辑(E)　设置(S)　查看(V)　窗口(W)　帮助(H)

打开　页面设置　打印预览　复制　上一账户　下一账户　左一页

[illegible]总分类账

科目：（102）银行存款

2015 月	日	凭证号码	摘　要	借方发生额	贷方发生额	余　额	
01	01		上年结转			借	487.94
04	29	0016	存现	21 290.25		借	21 778.19
08	31	0001	取现		11 240.51	借	10 537.68
08	31		本年累计	21 290.25	11 240.51	借	10 537.68
12	15	0001	取现		25 000.00	贷	14 462.32
12	15	0002	收上级拨款	25 000.00		借	10 537.68
12	31		本月合计	25 000.00	25 000.00	借	10 537.68
12	31		本年累计	46 290.25	36 240.51	借	10 537.68

图 4-6　三栏式电脑总账

总分类账　　第 1 页

GENERAL LEDGER

会计科目及编号

ACCOUNT NO.　库存现金　1001

×年 月	日	凭证字号	摘　要	借　方（亿千百十万千百十元角分）	贷　方（亿千百十万千百十元角分）	借或贷	余　额	✓
12	1		期初余额			借	414000	
	4	记02	支付职工生活补助		218600	借	195400	
	4	记03	提现	500000		借	695400	
	9	记09	购买零星办公用品		88500	借	606900	
	21	记18	[illegible]		500000	借	106900	
	29	记24	[illegible]		50000	借	56900	

图 4-7　三栏式手工总账

总分类账的账页格式，也可以采用多栏式格式，如把序时记录和总分类记录结合在一起联合账簿，即日记总账，如图 4-8 所示。

日记总账（简表）

20××年××月　　第×页

年		凭证号数	摘要	现金		银行存款		应收账款		库存商品		短期借款		制造费用		生产成本		销售收入	
月	日			借	贷	借	贷	借	贷	借	贷	借	贷	借	贷	借	贷	借	贷
			本月发生额																
			本月余额																

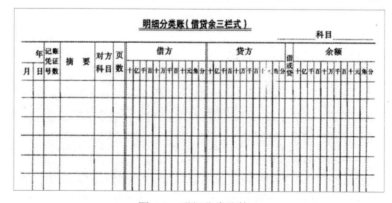

图 4-8　日记总账

与总分类账簿密不可分的一类账户是明细账簿，明细分类账簿是根据企业单位经营管理的需要由企业单位自主设置。

单位可根据企业的需要，在有关总账科目下设置明细分类账，对总账账簿做更为详细的说明。

明细分类账簿按照其外表形式可以分为活页式账簿和卡片式账簿；按照其账页格式，可以分为三栏式明细分类账簿、数量金额式明细分类账簿和多栏式明细分类账簿 3 种。

图 4-9 和图 4-10 所示为不同格式的明细分类账簿。

明细分类账（借贷余三栏式）

科目________

年		记账凭证号数	摘要	对方科目	页数	借方												贷方												借或贷	余额											
月	日					十	亿	千	百	十	万	千	百	十	元	角	分	十	亿	千	百	十	万	千	百	十	[illegible]	角	分		十	亿	千	百	十	万	千	百	十	元	角	分

图 4-9　明细分类账簿 1

生 产 成 本 账
SUBSIDIARY LEDGER OF PRODUCTIVE COST

总账科目　生产成本
产品名称　B产品
规格型号
计量单位　个

总第　　页
分第　1　页

×年		凭证字号	摘要	合计	成本项目		
月	日				直接材料	直接人工	制造费用
12	1		期初余额				
	31	记28	分配工资费用				
	31	记29	计提社会保险费				
	31	记33	领用材料				
	31	记34	分配制造费用				
	31	记35	结转完工产品成本				

图4-10　明细分类账簿2

除了上面两种常见的明细分类账簿，还有一种常见的明细分类账——数量金额式的明细分类账簿，如图4-11所示。

×年		凭证字号	摘要	收入			发出			结存			√
月	日			数量	单价	金额	数量	单价	金额	数量	单价	金额	
12	1		期初结存								100		
	5	领200301	生产领用				400	100			100		
	8	领200302	生产领用				1200	100			100		
	8	领200303	生产领用				1500	100			100		
	10	入10344	购入	1000	100						100		
	13	入10345	购入	4000	100						100		
	14	领200304	生产领用				1800	100			100		
	17	领200305	生产领用				100	100			100		
	21	领200306	生产领用				500	100			100		
	21	领200307	行政领用				20	100			100		
	23	出40039	对外销售				100	100			100		

图4-11　明细分类账簿3

（3）备查账簿

备查账簿也称为辅助账簿。是指对某些在序时账簿和分类账簿中未能记载或记载不全的经济业务进行补充登记的一种账簿。

备查账簿主要用于登记资产负债表表内需要说明原因的重要交易或事项，或资产负债表表外的重要交易或事项。对于新公司来说，可以根据实际需要来设置这类账簿。

图 4-12 所示为应收票据备查登记簿，图 4-13 所示为委托加工材料备查登记簿。对于委托加工材料备查登记簿，需要将材料相关的信息做详细的记录。

应收票据备查登记簿															
种类	号数	出票日期	出票人	票面金额	到期日期	利率	付款人	承兑人	背书人	贴现			收回		注销	备注
										日期	贴现率	贴现额	日期	金额		

图 4-12　应收票据备查登记簿

委托加工材料备查登记簿								
材料名称	规格	合同号	委托单位	接收数量	成品名称	消耗定额	预计成品量
接收日	加工日	完工日	完工量	交付日期	加工费用		

图 4-13　委托加工材料备查登记簿

会计账簿除了按照用途划分，还可以根据其账页格式简单分类，如图 4-14 所示。

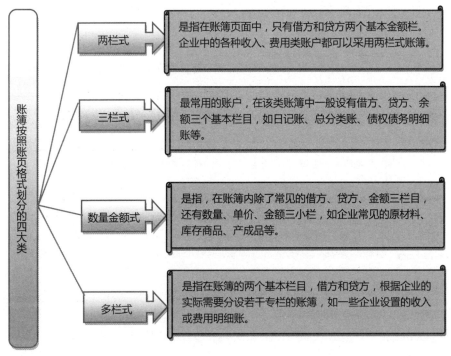

图 4-14　账簿按照账页格式划分的四大类型

如果根据账簿的外形特征来划分，企业的账簿又可以分为以下三种类型，如图 4-15 所示。

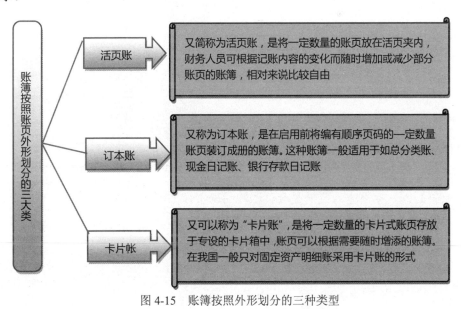

图 4-15　账簿按照外形划分的三种类型

4.1.2　登记会计账簿前的准备工作

在登记前需要做好哪些准备工作呢？首先，需要了解账簿的构成，会计账簿一般由封面、扉页、账页三个部分组成，具体如图 4-16 所示。

封面	一般是标明账簿的名称，如总分类账簿、现金日记账、银行存款日记账等。
扉页	主要标明会计账簿的使用信息，如科目索引、账簿启用、经管人员一览表等。
账页	是账簿的主要内容，主要用来记录经济业务事项的载体，具体的形式因反映的内容不同而不同，如银行存款日记账和现金日记账里。

图 4-16　会计账簿的组成部分

一般来说，企业会根据需要选用不同的会计账簿，如图 4-17 所示的封面公司内部可以自己制作完成，而图 4-18 所示的封面是从外采购而得。

图 4-17　会计账簿封面 1

图 4-18　会计账簿 2

翻开封面，接下来看到的是会计账簿的扉页，如图 4-19 所示。

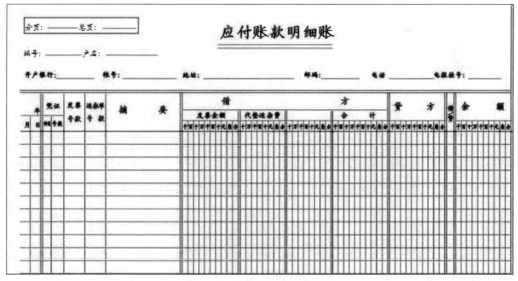

图 4-19　会计账簿扉页

作为会计账簿最核心的部分，账页必不可少。如图 4-20 所示，会计账簿的账页应该包括账户的名称，一般为总分类账户、二级分类账户或明细账户，应付账款明细账、总页次和分户页次、登记账户的日期栏（年月日）、凭证种类和号数栏、摘要栏和金额栏等，还需要填写发票号数、编号、户名、付款的开户银行、账号、地址和邮编等。

图 4-20　会计账簿的账页

为了保证账簿记录的合理、合法、完整，在启用会计账簿时，需要填写相应的启用表，对于单位名称、账簿名称、账簿编号、账簿页数、启用日期、经管人员等信息进行填写，如图 4-21 所示。

单位名称			单位公章
账簿名称	账		
账簿编号	字第 号第 册共 册		
账簿页数	本账簿共计 页		
启用日期	年 月 日		
经管人员	接 管 移 交	会计负责人	印花税粘贴处
姓 名 盖 章	年 月 日 年 月 日	姓 名 盖 章	

图 4-21　会计账簿启用表

一旦启用账簿，接下来就需要对账簿里的各类账户进行处理。为了区分不同的账户及查阅的方便，我们会放置相应的"书签"在各个账户之间，这个书签便是口取纸，具体样式如图 4-22 所示。

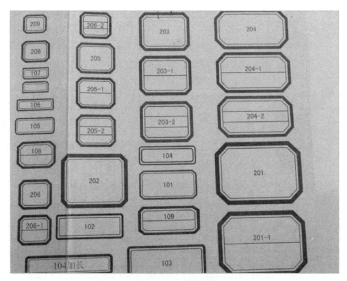

图 4-22　口取纸

口取纸有红蓝两种颜色，一般蓝色的口取纸可用来登记二、三级的明细科目，而红色纸可用来登记一级科目，一般是粘贴在账页的侧面。

在会计账簿中，为了方便查询各个账户，也会编制相应的账户目录，财务人员可以将相应的账页码填制在该目录中，并粘贴相应的索引纸，具体如图4-23所示。

账户目录															
顺序	编号	名称	页号	顺序	编号	名称	页号	顺序	编号	名称	页号	顺序	编号	名称	页号
1				26				51				76			
2				27				52				77			
3				28				53				78			
4				29				54				79			
5				30				55				80			
6				31				56				81			
7				32				57				82			
8				33				58				83			
9				34				59				84			
10				35				60				85			
11				36				61				86			
12				37				62				87			
13				38				63				88			
14				39				64				89			
15				40				65				90			
16				41				66				91			
17				42				67				92			
18				43				68				93			
19				44				69				94			
20				45				70				95			
21				46				71				96			
22				47				72				97			
23				48				73				98			
24				49				74				99			
25				50				75				100			

图 4-23 账户目录

如图 4-23 所示，可以将相应的账户的页码填制在顺序、编号、名称和页号内。

在会计账簿的扉页中，我们知道启用相应的账簿还需要缴纳相应的印花税，印花税票一般有固定的形式，如图4-24所示。

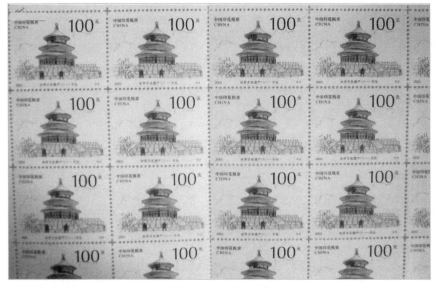

图 4-24 印花税票

除了以上的面额外，还有 5 元、10 元、50 元不等面额的印花税票，企业可要根据实际需要购买。

4.1.3 登记不同种类的会计账簿

登记会计账簿前的注意事项如图 4-25 所示。

账簿填写完整

登记会计账簿时，应当将会计凭证日期、编号、业务内容摘要、金额等相关的资料逐项记入账内，做到数字准确、摘要清楚、登记及时、字迹工整。

不能遗漏的记账符号

在登记完毕以后，要在记账凭证上签名或者盖章，并注明已经登记账簿的符号，表示已经记账。

文字及数字书写规范

账簿摘要的文字紧靠左线；数字要写在金额栏内，不得越格错位、参差不齐；文字、数字字体大小适中，紧靠下线书写，一般应占格宽的 1/2，记录金额时，如果为没有角分的整数，应分别在角分栏内写上 "0"，不得省略不写，或以 "一" 号代替。而且阿拉伯数字一般可自左向右适当倾斜，以使账簿记录整齐、清晰。

图 4-25 登记会计账簿前的注意事项

手工做账墨水要求

不得使用圆珠笔或铅笔填写相应的账簿，可用蓝黑墨水或者碳素墨水书写，常用的是蓝黑墨水。

遵循相应的会计准则

实行会计电算化的单位，会计账簿的登记、更正、打印都要遵循相应的会计准则，如总账和明细账应当定期打印。

登记的顺序

各种账簿都会按页次顺序连续登记，不得跳行、隔页。如果发生跳行、隔页，更不得随便更换账页和撤出账页，作废的账页也要留在账簿中。

结转余额的账户处理

凡需要结出余额的账户，结出余额后，应当在'借或贷'等栏内写明'借'或者'贷'等字样。没有余额的账户，应当在'借或贷'等栏内写'平'字。

账页结转下页的处理

每一账页登记完毕结转下页时，应当结出本页合计数及余额，写在本页最后一行和下页第一行有关栏内，并在摘要栏内注明"过次页"和"承前页"字样。

登记发生错误后的账务处理

必须按照规定的方法更正，不得刮、擦、挖、补，或使用化学药物。一旦发现差错必须根据差错的具体情况采用划线更正、红字更正、补充登记等方法更正。

可使用红墨水的情况

在如下的情况可使用红墨水：①按照红字冲账的记账凭证，冲销错误记录；②在不设借贷等栏的多栏式账页中，登记减少数；③在三栏式账户的余额栏前，如未印明余额方向的，在余额栏内登记负数余额；④根据国家统一会计制度的规定可以用红字登记的其他会计记录。

图 4-25 登记会计账簿前的注意事项（续）

上述登记账簿的注意事项，是对于企业的财务人员或者企业来说，需要注意的是，一种对于会计账簿的内部控制，而对于账簿的外部控制一般体现在对于账簿进行注册并年检。

(1) 日记账簿的登记

不同的账户登记的方法不同，下面就从最简单的日记账说起，首先是现金日记账，现金日记账是用来核算和监督库存现金每天的收入、支出和结存情况的账簿，其格式有三栏式和多栏式两种。

无论采用三栏式还是多栏式现金日记账，都必须使用订本账，对于三栏式的现金日记账，出纳人员根据同现金收付有关的记账凭证，按时间顺序逐日逐笔进行登记，并根据"上日余额+本日收入−本日支出=本日余额"的公式，逐日结出现金余额，与库存现金实存数核对，以检查每日现金收付是否有误，登记方法具体如图 4-26 所示。

现 金 日 记 账
20××年度　　　　　　　　　　第 1 页

××年 月	日	凭证 字	号	摘要	对方科目	收入	支出	金额
4	1			月初余额				400000
	2	收	2	零售收现	主营业务收入	80000		
		付	3	预支差旅费	其他应收款		40000	
		付	4	付困难补助	应付福利费		60000	
		付	11	购办公品	管理费用		13600	
4	2			本日小计		80000	23600	244000
				……	……			
				本月合计		226800	120800	146000

图 4-26　三栏式现金日记账的登记

在登记时，一定要注意填写完整，并且填写清楚，如摘要、对方科目、收入金额、支出金额、余额等，特别注意计算一定要准确。

与三栏式的现金日记账不同的是多栏式现金日记账，常见的借、贷方分设的多栏式现金日记账的登记方法一般是先根据有关现金收入业务的记账凭证登记现金收入日记账，根据有关现金支出业务的记账凭证登记现金支出日记账。

首先，认识现金收入日记账，需要登记相关的年月日、收款凭证的字及编号、摘要、贷方科目，同时填写相应的金额，主要包括收入及支出两项的余额，具体如图 4-27 所示。

现金收入日记账										
2015年		收款凭证			贷方科目			收入	支出合计	余额
月	日	字	号	摘要	银行存款	其他应收款	营业外收入			
5	1			月初余额						2 000
	2	银付	1	从银行提现	1 000			1 000		
	2			转记					800	2 200
	2			转记					500	1 700
	…									
	6	现收	5	出售旧设备			2 000			3 700
	6	现收	6	差旅费交回		500				4 200

图 4-27　登记现金收入日记账

现金支出日记账的登记则与现金收入日记账的登记大致相似，如图 4-28 所示。

现金支出日记账										
2015年		付款凭证			借方科目			收入	支出合计	余额
月	日	字	号	摘要	银行存款	管理费用	制造费用			
6	1			月初余额						4 000
	2	银收	1	存入银行账户	1000					3 000
	2		2	转记					500	2 500
	2		3	转记					800	1 700
	…									
	6	现付	4	支付管理费用		800				900

图 4-28　登记现金支出日记账

除了将现金收入和支出分开登记的日记账，还有以借贷来表示的现金日记账，一般需要登记年月日、凭证字号、摘要、对方科目、借贷金额、余额等，如图4-29所示。

现金日记账 10

2002年 月 日	凭证 字 号	摘要	对方科目	借方金额	贷方金额	余额	✓
6 1		期初余额				190000	
2	2	支付运费	材料采购		50000	140000	
			应交税金		3500	136500	
15	14	提现，发放工资	银行存款	14000000		14136500	
15	15	发放工资	应付工资		14000000	136500	
18	19	采购员张林预支差旅费	其他应收款		40000	96500	

图4-29　登记现金日记账

与现金日记账常常一起出现的是银行存款日记账，一般来说，每个银行账户设置一本日记账。格式和登记方法与现金日记账相同，需要对基本的年月日、凭证字号、摘要、对方科目、借贷金额、余额进行填写，如图4-30所示。

银行存款日记账 11

年 月 日	凭证 字 号	摘要	对方科目	借方金额	贷方金额	余额	✓
6 1		期初余额				23400000	
2		付A材料货款与增值税	1201物资采购		12000000	11400000	
			2171应交税金		2040000	9360000	
5	4	缴纳上月应交税金	2171应交税金		5200000	4160000	
6	6	支付A、B材料运费	1201物资采购		150000	4010000	
		与增税	2171应交税金		6500	4003500	
9	7	购入不需安装的设备	1501固定资产		2000000	2003500	
11	8	收到甲产品货款	5101主营业务收入	24500000		26503500	
			2171应交税金	4165000		30668500	

图4-30　银行存款日记账

（2）总账和明细账的登记

除了常见的日记账进行登记，财务人员还需要登记总分类账和明细分类账，首先来看一下该如何登记总账。

总分类账是根据记账凭证逐笔登记，也可以根据经过汇总的科目汇总表或汇总记账凭证等登记，如图4-31所示。

总分类账

会计科目：银行存款

		记账凭证号数	摘要	借方									贷方									借或贷	余额								
月	日			百	十	万	千	百	十	元	角	分	百	十	万	千	百	十	元	角	分		百	十	万	千	百	十	元	角	分
7	1		期初余额																			借		1	5	0	0	0	0	0	0
7	3	记001	购买办公用品													4	0	0	0	0	0	借		1	4	6	0	0	0	0	0
7	10	记002	向银行借款		1	0	0	0	0	0	0	0										借		2	4	6	0	0	0	0	0
7	30		本月合计		1	0	0	0	0	0	0	0				4	0	0	0	0	0	借		2	4	6	0	0	0	0	0

图 4-31　登记总账

不同类型经济业务的明细分类账可根据管理需要，依据记账凭证、原始凭证或汇总原始凭证逐日逐笔或定期汇总登记。固定资产、债权、债务等明细账应逐日逐笔登记；库存商品、原材料、产成品收发明细账、收入、费用明细账除了可逐笔登记还可定期汇总登记，如图 4-32 所示。

明细分类账

会计科目：应收票据

明细科目：××公司

2015 年		凭证号数	摘要	对方科目	借方	贷方	借或贷	余额
月	日							
1	1		结转余额				借	100 000
	15		销售商品	主营业务收入及应交税费	58 500		借	158 500
	20		支付×公司票据			30 000	借	128 500
	30		本月合计		58 500	30 000		128 500

图 4-32　明细账的登记

4.2　账簿错账这样查——对账方法

在企业的日常管理中，无论是填制凭证、记账、过账还是账簿的登记，难免会出现错误的情况，从而造成账款、账物不符合的情况，发现这些问题最简单的办法就是定期进行对账，那么对账都有哪些方法呢？

4.2.1　对账的常见方法

对账是按照一定的方法和手续核对账目，主要是对账簿的记录进行核对与检查。对账的目的是为了保证账簿记录的真实与准确。

根据《会计基础工作规范》的要求，各单位应当定期将会计账簿记录的有关数字与库存实物、货币资金、有价证券往来单位或个人等进行相互核对，保证账证相符、账账相符、账实相符和账表相符，并且企业要保证对账工作每年至少要进行一次。

常用的对账方法便是账证核对、账账核对、账实核对、账表核对。下面将对这 4 种方法进行简单的介绍。

4.2.2　有理有据——账证核对

账证核对是对于会计账簿记录与会计凭证有关内容核对相符的简称。各企业需要将定期的会计账簿的记录与其相应的会计凭证的时间、编号、主要经济内容、金额、记账方向等逐项核对，检查是否一致。

一般来说，总账应与记账凭证相互核对；明细账应该与原始凭证或记账凭证核对；日记账则需要与收付款凭证进行相应的核对。

如图 4-33 和图 4-34 所示，将现金日记账与相应的凭证进行核对。

现 金 日 记 账

20××年度　　　　　　　　　　　　第 1 页

××年 月	日	凭证 字	号	摘要	对方科目	收入	支出	金额
4	1			月初余额				4000 00
	2	收	2	零售收现	主营业务收入	800 00		
		付	3	预支差旅费	其他应收款		400 00	
		付	4	付困难补助	应付福利费		600 00	
		付	11	购办公品	管理费用		1360 00	
4	2			本日小计		800 00	2360 00	2440 00
				……	……			
				本月合计		22680 00	12080 00	14600 00

图 4-33　核对现金日记账

将上述现金日记账的某一项事项与相应的凭证进行核对，如将图 4-33 所示中的收款 2 号凭证与相应的凭证进行核对。

在图 4-33 的第二项中，存在收款凭证 2 号，因零售收现获得主营业务收入

800 元，此时需要与图 4-34 中的收款凭证进行核对，核对其是否一致，如果不一致，则需要重新核对，查看问题所在。

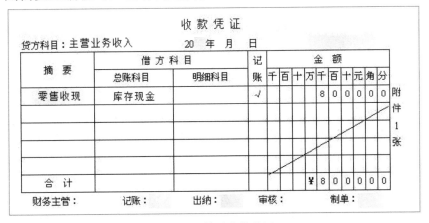

图 4-34　核对收款凭证

上述的核对只是企业账证核对的一小部分，要完成账证核对的全过程，则还需要对其他的账证进行核对。

4.2.3　一对一分析——账账核对

账账核对是指对不同的会计账簿进行核对，需要核对总账有关账户的余额；总账与明细账；总账与日记账核对等。

账账核对的方法可以采用以下两种方法，具体如图 4-35 所示。

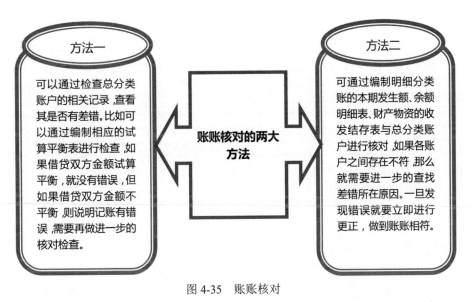

图 4-35　账账核对

4.2.4　用事实说话——账实核对

账实核对是指将企业的账簿记录与实物、款项等实有数进行核对的简称。保证账实相符是会计核算的基本要求。

在企业的会计账簿上记录的都是企业实物款项的使用情况，如果该实物款项随着使用发生相应的变化，那么财务人员需要在相应的账簿上进行说明，特别是与财产物资相关、现金相关。

要尽量做到账实相符，一旦发生问题，就要及时解决，从而保证会计账簿的正确性。

除了前面常见的三大类核对外，在会计账簿的核对中，还常常用到账表核对，简单理解就是将相应的会计账簿的记录与会计报表的有关内容进行核对。

我们知道，会计报表都是根据会计账簿记录及相关的资料编制而成，两者之间存在着相对应的关系。因此，通过检查会计报表各项目的数据与会计账簿有关数据是否一致，可以更好地确保会计信息的质量。

4.2.5　如何更正错账

我们在对账时，会发生各种各样的差错，比如写错、记错，这些都是无法避免的，但有些错账却不是一眼就能看出的，它需要利用一定的办法，那么该如何查找到企业中的错账呢？一般来说，可以通过几种办法如图 4-36 所示。

差数法

差数法是指按照错账的差数来查找错账的方法。使用借贷方有一方漏记的错误。例如，在记账过程中只登记了经济业务的借方或者贷方，从而漏记了另一方，形成试算平衡中借方合计数与贷方合计数不相等。形成一方较多，另一方较少的情况。

尾数法

尾数法一般是指在会计账簿中对于发生的只有角、分的差错，可以只检查小数部分，这样可以更好地提高查找错误的效率。

图 4-36　查找错账的四种方法

除2法

除2法是指差数除以2来查找错账的方法。例如，应计入"固定资产"科目借方的1 000元误计入贷方，则该科目的期末余额将小于总分类科目期末余额2 000元，被2除的商1 000元即为借贷方向反向的金额。

除9法

除9法是指以差数除以9来查找错数的方法。适用于以下3种情况：（1）将数字写大。例如将20写成200，错误数字大于正确数字9倍。查找的方法是：以差数除以9得出的商为正确的数字，商乘以10后所得的积为错误数字。上例差数180（200-20）除以9以后，所得的商20为正确数字，20乘以10(200)为错误数字。（2）将数字写小，即将400写成40，错误数字小于正确数字九倍。查找方法是：以差数除以九后得出的商即为写错的数字。上例差数360（400-40）除以9，商40即为错数，扩大10倍后即可得出正确数字400。（3）邻数颠倒。如将78写成87，将96写成69，将36写为63等。颠倒的两个数字之差最小为1，最大为8(9-1)。查找的方法是：将差数除以9，得出的商连续加11，直到找出颠倒的数字为止。如将78记为87，其差数为9。查找此错误的方法是，将差数除9得1，连加11后可能的结果为12、23、34、45、56、67、78、89。当发现账簿记录中出现上述数字（本例为78）时，有可能正是颠倒。

图 4-36　查找错账的四种方法（续）

在对账中发现了错账，就需要对这些错账进行更正，那么可以采取哪些办法进行更正呢？

首先是"红字更正法"，简单来说，就是在会计凭证或账簿上采用红色字体进行更正，也是为了与正常的蓝色字体的凭证进行区别，具体如图 4-37 所示。

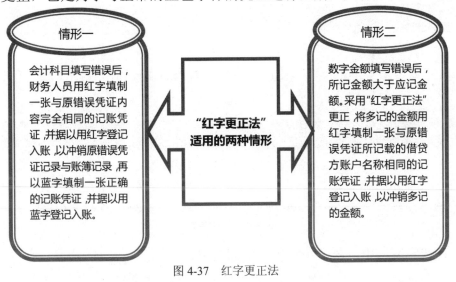

图 4-37　红字更正法

这种方法比较常见，可分为红字金额冲销和红字差额冲销，下面将以案例的方式进行说明。

【红字更正法】

A公司是一家生产加工企业，主营业务以销售企业的电子产品为主，在月末，产品入库以后，企业的财务人员，结转了相应成本25万元，并填制相应的会计分录如下：

借：主营业务成本   250 000

  贷：生产成本   250 000

后来财务人员发现了错误并进行了更正，用红色的字体注销相应的会计凭证如下，其中括号内的数字表示红色。

借：主营业务成本   （250 000）

  贷：生产成本   （250 000）

最后，财务人员用蓝色的字体重新填制凭证如下：

借：库存商品   250 000

  贷：生产成本   250 000

如果用在T型账户上，如图4-38所示。

借方	生产成本	贷	借	主营业务成本	贷
		250 000（①错误记录）250 000			
		（250 000）（②红字冲销）（250 000）			
		借	库存商品		贷
		250 000（③蓝字更正）250 000			

图4-38 红字更正法

在实际应用中，还会经常用到"划线更正法"。

简单来说就是在填写会计账簿时，进行了错误的登记，比如文字或者数字的错误，而划线更正法则是在保持原有字迹不变的基础上，将错误文字或数字划红线注销，然后在划线上方填写正确的文字或数字，并由记账人员在更正处盖章。

一般来说，对错误的数字应全部划红线更正，对文字及错误可只划去错误部分。如图 4-39 所示。

科目名称　银行存款

总第　页　分第　页

户名或编号：

07年 月	日	记账凭证 类别	号数	摘　要	对应科目	借方	贷方	借或贷	余额
12	1			期初余额				借	2000000
	2	收	1	收到销货款	主营业务收入	1000000		借	3000000
	6	付	1	支付购入材料款	物资采购		1500000	借	1500000
	8	付	3	购买办公用品	管理费用		34000 ~~3400~~	借	
								借	

图 4-39　划线更正法

除了上述方法，还有补充登记法，是财务人员在制作相应的凭证时，少填或漏填了相应的金额，从而导致了记账错误。

下面将以例子的方式来说明。

【补充登记法】

A 公司发生办公用品采购费 1 000 元，但是财务人员在做账时，却填制了相应的会计分录如下。

借：管理费用　　100

　贷：库存现金　　100

财务人员及时发现错误，用蓝色记账凭证补记如下：

借：管理费用　　900

　贷：库存现金　　900

将上述更正用到简单的 T 型账户中，如图 4-40 所示。

借方	库存现金		贷	借	管理费用		贷
		100（①原错记的金额）100					
		900（②补足少记的金额）900					
最终合计	1000		1000				

图 4-40　补充登记法

4.3　新旧会计账簿如何更换

　　会计账簿的保管需要小心谨慎，会计账簿要保管多久，什么时候可以换新，多长时间可以扔掉旧账簿呢？

　　我们知道，当会计账簿已经保管到一定的期限就需要进行更换或销毁，那么财务人员该如何进行账簿的更换呢？

　　需要检查本年度的账簿记录，在年终结账时是否全部结清，一旦更换新的账户，就需要在新账中有关账户的第一行日期栏内注明 1 月 1 日，摘要栏内注明"上年结转"或"年初余额"字样，同时将上年的年末余额以同方向记入新账中的余额栏内，并在借或贷栏内注明余额的方向。

　　需要注意的是，新旧账簿更换时账户余额结转不编制记账凭证，也不要计入借方栏或贷方栏，而是直接计入余额栏，因此凭证号栏、借方栏和贷方栏无须进行填制。

5

新公司如何建账

任何行业，不管是大集团还是中小型企业都有一套独立的核算系统，而对于财务来说，就是有一套自己独特的账目。那么新公司如何建立一套属于自己的账目，下面将详细介绍。

确定建账时间
确定手工做账还是会计电算化
材料准备——凭证与账簿
中小型企业建账目的
中小型企业的建账规则
现金往哪写——现金日记账
公司有多少存款——银行存款日记账
建账需要注意的问题
建账几小步

5.1 建账前需要准备什么

新建一栋大楼需要准备一定的材料，当一家新公司开始建立它的账目时，需要准备一定的材料，那么从哪些方面去准备呢？

5.1.1 确定建账时间

对于新公司来说，一般在年度开始时，会计人员就应根据核算工作的需要设置相应的应用账簿，即平常所说的"建账"。

对于建账的时间有一定的要求，建账则有建账基准日，是指以公司成立日（营业执照签发日或营业执照变更日）为准，以公司成立当月月末或下月初为基准日。如果公司的成立日是在月度中的某一天，以下一个月份的月初作为建账基准日。

根据《征管法实施细则》第二十二条明确规定：从事生产、经营的纳税人应当自领取营业执照或者发生纳税义务之日起15日内，按照国家有关规定设置账簿。

如果新公司没有在规定的时间内建立公司账目，将受到一定的经济处罚，所以新公司一定要注意公司的建账时间。

5.1.2 确定手工做账还是会计电算化

手工做账是通过人工的方式，对企业的凭证、总账、明细账等进行处理，而随着社会科技的发展，现在各大企业都开始实行会计电算化，会计电算化是以电脑为主体，通过相关的会计软件，替代手工完成或在手工很难完成的一系列会计工作。

但是并不意味着有了会计电算化的应用就丢掉了手工做账，两者是相辅相成的，两者的共同点如图5-1所示。

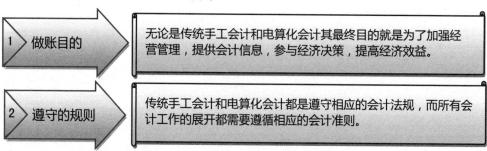

图 5-1　手工做账与会计电算化的共同点

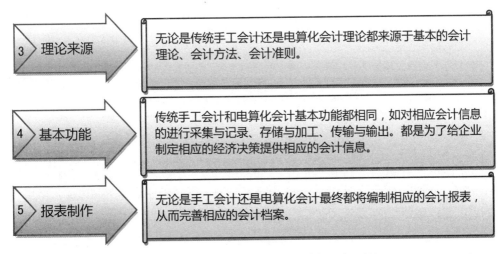

3	理论来源	无论是传统手工会计还是电算化会计理论都来源于基本的会计理论、会计方法、会计准则。
4	基本功能	传统手工会计和电算化会计基本功能都相同，如对相应会计信息的进行采集与记录、存储与加工、传输与输出。都是为了给企业制定相应的经济决策提供相应的会计信息。
5	报表制作	无论是手工会计还是电算化会计最终都将编制相应的会计报表，从而完善相应的会计档案。

图 5-1　手工做账与会计电算化的共同点（续）

手工会计与电算化会计，两者到底孰优孰劣？两者的不同可以从哪些方面来了解。

可以从效率高低、内部控制、组织体制、人员结构、账簿规则、账簿处理程序等方面去了解两者的不同点，具体如图 5-2 所示。

效率高低

传统的手工会计运算工具是电子计算器，工作量大，效率低。电算化会计的运算工具是电脑，数据处理与存储自动化，相对来说效率高。

内部控制

传统手工会计对会计凭证的正确性，从摘要内容、金额、会计科目等来审核。而且审核过程通过人工，而电算化会计的审核则可以通过电脑完成。

会计工作组织体制

传统手工会计的会计组织工作以会计事物的不同性质作为制定的主要依据；电算化会计组织体制以数据的不同形态作为制定的主要依据。

人员结构

传统手工会计中的人员均是会计专业人员，而电算化会计中的人员由会计专业人员、电脑软件、硬件及操作人员组成。

图 5-2　手工做账与会计电算化的区别

账务的处理程序

传统手工会计处理账务的程序有 4 种，但都避免不了重复转抄与计算的根本弱点，电算化会计的账务处理程序则用同一模式来处理不同企业的会计业务。

账簿规则

传统手工会计规定日记账、总账要用订本式账册，明细账要用活页式账册；账簿记录的错误要用划线更正法和红字更正法；账页中的空行、空页要用红线划销。电算化会计不采用传统手工会计中的一套改错方案，凡是登记过账的数据，不得更改，即使有错，只能采用输入"更改凭证"加以改正，以留下改动痕迹。但对需要打印的账页的空行、空页可以用手工处理。

图 5-2　手工做账与会计电算化的区别（续）

5.1.3　材料准备——凭证与账簿

使用会计电算化的新公司，在建账前需要有一套适合公司的会计电算化软件，如用友、金蝶、管家婆等软件。

公司需要准备的最基本的材料就是凭证和账簿，在商店或专柜都可以购买。

凭证主要是指记账凭证，包括现金收款凭证、现金付款凭证、银行收款凭证、银行付款凭证和转账凭证，当然还有除此外的原始凭证，如原始凭证，包括入库单、出库单、销售单、工资单、盘点表等。

需要准备 4 个账簿，分别是现金记账、银行存款日记账、总分类账、明细分类账，其中现金记账、银行存款日记账、总分类账一般采用固定页码的订本式账簿，如每册 100 页，而只有明细账可用活页式。

对于会计核算使用的会计账户较多的新公司来说，总账账簿的需要量可能会多一些，在采购账簿时可多购置几本，但也要根据企业的实际情况购置。而对于新公司来说，明细分类账的设置是根据企业自身的管理需要和外界各部门对企业信息资料需要来设置的。

因为一些新公司的产品成本计算比较复杂，所以在企业建账时，为了便于凭证的编制，要设计一些计算用的表格，如材料费用分配表、领料单、工资费用计算表、折旧费用分配表、废品损失计算表、辅助生产费用分配表、产品成本计算单等相关成本计算的表格，从而有利于记账凭证的填写。

其他材料的准备

除了账簿和凭证一般还需要准备如企业章程、企业法人营业执照、国地税税务登记证、验资报告等资料，根据相关资料可以确定账务中实收资本金额及明确股东的出资方式。

5.2 中小型企业建账的目的和规则

在市场上存在不同的企业，不同的行业，不同的规模，有不同的管理模式，市场上存在众多的中小型企业账目的有哪些？建账规则有哪些？

5.2.1 中小型企业建账目的

在企业中任何的管理都是具有一定的目标性，比如，提高效率是为了让员工能实现自我价值的最大化。企业的建账也一样，具体如图 5-3 所示。

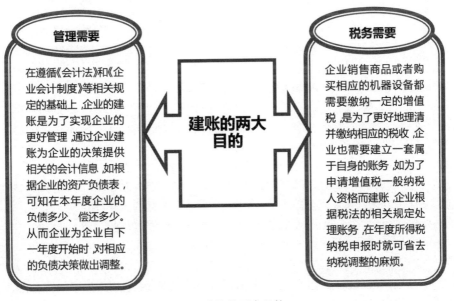

图 5-3 建账的两大目的

5.2.2 中小型企业的建账规则

建账时都需要遵循哪些规则呢？具体如图 5-4 所示。

中小企业建账规则
一、反映的事实
企业的会计核算应当以实际发生的交易或事项为依据，如实反映其财务状况及经营成果。
二、会计信息
企业提供的会计信息应当能够满足会计信息使用者的需要。
三、会计目标
小型企业的会计核算应当按照规定的会计处理方法进行，明确各阶段的会计目标。
四、核算方法
小型企业的会计核算方法前后各期应当保持一致，不得随意变更。
五、会计核算基础
会计核算基础以权责发生制为基础。
六、会计核算时间要求
企业的会计核算应当体现及时性，及时、准确、完整记录相关信息，不得提前或延后。
七、会计核算原则
企业在进行会计核算时，应当遵循谨慎性和重要性的原则。
八、支出效益处理
凡企业支出的效益仅及于本年度的，应当作为收益性支出；凡支出的效益及于几个会计年度的，应当作为资本性支出。
九、收入与费用的确定
凡在当期已经实现的收入和已经发生或应当负担的费用，不论款项是否收付，都应作为当期的收入和费用；凡是不属于当期的收入和费用，即使款项已在当期收付，不应作为当期的收入和费用。
十、资产计量
小企业的各项资产在取得时应当按照实际成本计量。
企业在进行会计核算时，应当遵循谨慎性和重要性的原则。
十一、收入、成本、费用确认时间
企业在进行会计核算时，同一会计其间的各项收入与相关的成本、费用，应当在会计其间内确认。

图 5-4　建账的规则

十二、财务报告要求
企业的会计核算和编制的财务会计报告应当准确、完整、明了，便于理解和运用。

图 5-4　建账的规则（续）

5.3 建账的具体内容

建账的两大内容就是凭证和账簿，其中最主要的是账簿，包括日记账和总账，本节简单说明如何建现金日记账和银行存款日记账。

5.3.1　现金往哪写——现金日记账

现金日记账是用来登记库存现金每天的收入、支出、结存情况的账簿。现金日记账一般采用的是订本式的账簿，如图 5-5 所示。

现金日记帐

10

2002年 月	2002年 日	凭证 字	凭证 号	摘要	对方科目	借方金额	贷方金额	余额	✓
6	1			期初余额				190000	
	2		2	支付运费	材料采购		50000	140000	
					应交税金		3500	136500	
	15		14	提现，发放工资	银行存款	14000000		14136500	
	15		15	发放工资	应付工资		14000000	136500	
	18		19	采购员张林预支差旅费	其他应收款		40000	96500	

图 5-5　现金日记账

我们需要完成以上的现金日记账的填写，那么在建账时，可以从以下几方面着手，如图 5-6 所示。

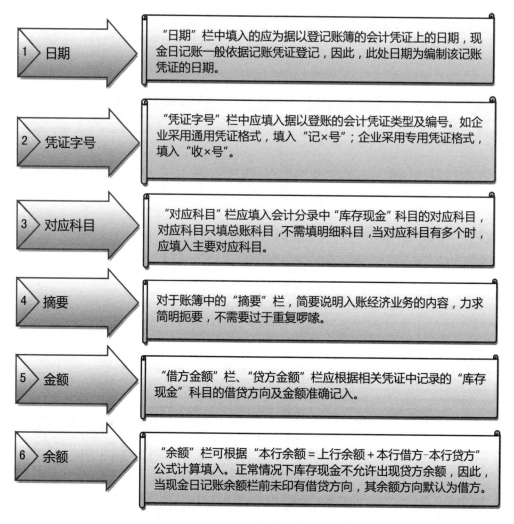

图 5-6 填写现金日记账的注意事项

5.3.2 公司有多少存款——银行存款日记账

公司有多少存款？怎么看，当然是看企业的银行存款。而银行存款的增加或减少，都可以通过银行存款日记账来查看。那么银行存款日记账如何建账呢？

首先，观察银行存款日记账的大概内容，如图 5-7 所示。

银行存款日记账

11

月	日	凭证字号	摘要	对方科目	借方金额	贷方金额	余额	√
6	1		期初余额				234000000	
	2	2	付A材料货款与增值税	1201物资采购	120000000		114000000	
				2171应交税金	204000000		936000000	
	5	4	缴纳上月应交税金	2171应交税金	520000000		416000000	
	6	6	支付A、B材料运费	1201物资采购	150000		401000000	
			与增税	2171应交税金	6500		400350000	
	9	7	购入不需安装的设备	1501固定资产	200000		2003500	
	11	8	收到甲产品货款	5101主营业务收入		245000000	265035000	
				2171应交税金		4165000	306685000	
	13	11	支付技工学校经费	5601营业外支出		300000	303685000	

图 5-7　银行存款日记账

银行存款日记账是指专门用来记录银行存款收支业务的一种特种日记账。

银行存款日记账必须采用订本式账簿，其账页格式一般采用借方、贷方、余额三栏式。银行存款收入数额应根据有关的现金付款凭证登记。

在填写时应该从以下几方面着手，如日期、凭证字号、对应科目、摘要、金额、余额等方面，具体如图 5-8 所示。

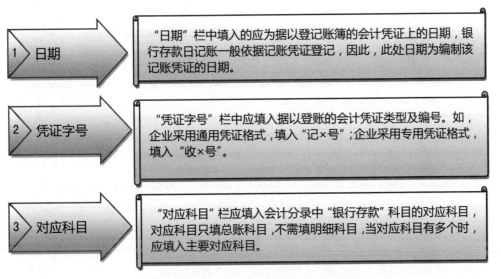

1 日期　　"日期"栏中填入的应为据以登记账簿的会计凭证上的日期，银行存款日记账一般依据记账凭证登记，因此，此处日期为编制该记账凭证的日期。

2 凭证字号　　"凭证字号"栏中应填入据以登账的会计凭证类型及编号。如，企业采用通用凭证格式，填入"记×号"；企业采用专用凭证格式，填入"收×号"。

3 对应科目　　"对应科目"栏应填入会计分录中"银行存款"科目的对应科目，对应科目只填总账科目，不需填明细科目，当对应科目有多个时，应填入主要对应科目。

图 5-8　填写银行存款日记账的注意事项

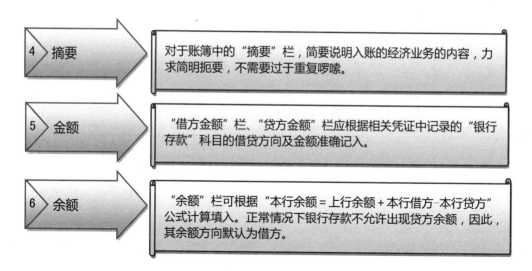

4	摘要	对于账簿中的"摘要"栏，简要说明入账的经济业务的内容，力求简明扼要，不需要过于重复啰嗦。
5	金额	"借方金额"栏、"贷方金额"栏应根据相关凭证中记录的"银行存款"科目的借贷方向及金额准确记入。
6	余额	"余额"栏可根据"本行余额＝上行余额＋本行借方－本行贷方"公式计算填入。正常情况下银行存款不允许出现贷方余额，因此，其余额方向默认为借方。

图 5-8　填写银行存款日记账的注意事项（续）

在登记银行存款日记账时，一定要注意以下几点，如登账日期、定期核对现金、银行对账单等，具体如图 5-9 所示。

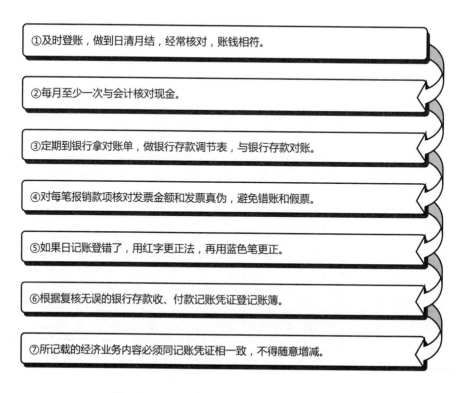

①及时登账，做到日清月结，经常核对，账钱相符。

②每月至少一次与会计核对现金。

③定期到银行拿对账单，做银行存款调节表，与银行存款对账。

④对每笔报销款项核对发票金额和发票真伪，避免错账和假票。

⑤如果日记账登错了，用红字更正法，再用蓝色笔更正。

⑥根据复核无误的银行存款收、付款记账凭证登记账簿。

⑦所记载的经济业务内容必须同记账凭证相一致，不得随意增减。

图 5-9　登记银行存款日记账的注意事项

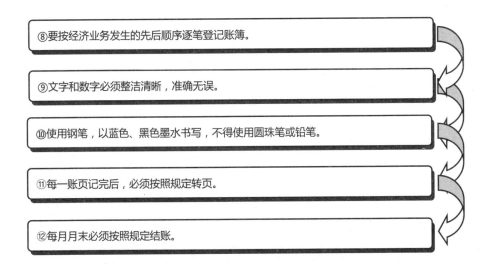

⑧要按经济业务发生的先后顺序逐笔登记账簿。

⑨文字和数字必须整洁清晰，准确无误。

⑩使用钢笔，以蓝色、黑色墨水书写，不得使用圆珠笔或铅笔。

⑪每一账页记完后，必须按照规定转页。

⑫每月月末必须按照规定结账。

图 5-9 登记银行存款日记账的注意事项（续）

企业的银行存款日记账从某种程度上来说反映的是企业在银行开立的相关银行账户，银行账户是各单位通过银行办理转账、结算信贷及现金收支业务的主要工具。

新开办的企业或公司，在取得工商行政管理部门颁发的法人营业执照后，可选择办公地点附近的银行申请开设自己的结算账户。

根据《银行账户管理办法》的规定，银行账户应分为基本存款账户、一般存款账户、临时存款账户、专用存款账户 4 种。

5.4 建账有方法

准备好建账的材料后，根据公司的实际经济情况建立一本属于自己的账目，那么该从哪些方面着手呢？

5.4.1 建账需要注意的问题

首先，在建账之前需要注意与之相关的会计法规问题，具体如图 5-10 所示。

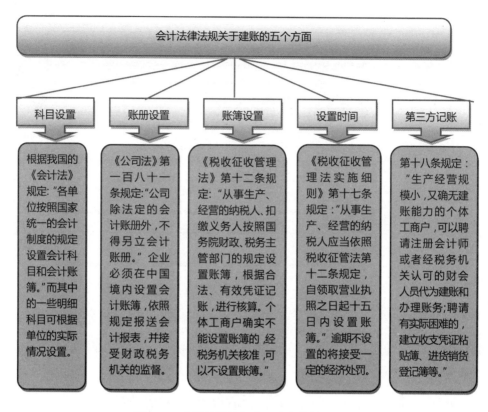

图 5-10　会计法律法规关于建账的规定

通过图 5-10 可知，无论是国家机关、社会团体、企业、事业单位和符合建账条件的个体工商户及其他经济组织应当建立会计账册的问题，在我国有关法律、法规中一再提到强调并有明确的规定。

《会计基础工作规范》第三十六条从会计基础工作的需要出发再次规定："各单位应当按照《中华人民共和国会计法》和国家统一会计制度的规定建立会计账册，进行会计核算，并及时提供合法、真实、准确、完整的会计信息。"

除了上述的会计法律法规需要注意以外，在建账之前，还需要注意以下的问题，具体如图 5-11 所示。

管理需要　建立账簿是为了满足企业管理需要，为管理者提供有用的会计信息，所以在建账时以满足管理需要为前提，避免重复设账、记账。

图 5-11　建账前需要注意的问题

规模大的企业，业务量大，会计账簿需要的册数也多。企业规模小，业务量也小，一个会计可以处理所有的经济业务，设置账簿时就没有必要设太多的账簿，所有的明细账可以合成一两本即可。

根据企业的大小，所采用的账务处理程序也不同。企业一旦选择了账务处理程序，也就选择了账簿的设置，如果企业采用的是记账凭证账务处理程序，企业的总账就要根据记账凭证序时登记。

会计应以诚信为本，不做假账，不设外账，建好备查账。并非每个企业都要设置备查账簿，对于一些经济事项繁杂而总账和明细账又不能详细反映的业务，我们可以设置相应的备查簿等。一旦事后查账，备查簿便是最好的备忘录。

图 5-11　建账前需要注意的问题

5.4.2　建账的步骤

下面了解建账的过程。

首先，应明确建账的几个方面，如建账的基本内容、总账、明细账、日记账、备查账等，在建账之前需要对这些账簿进行相应的设置，同时对会计科目、明细科目、二三级科目等也要进行设置。

如果是手工记账则相对简单，只需要准备好相应的账簿与凭证即可据此建账。如果是会计电算化，则需要对总账先进行设置。

建账具体的步骤如图 5-12 所示。

第一步

按照需用的各种账簿的格式要求，预备各种账页，并将活页的账页用账夹装订成册。

第二步

在账簿的"启用表"上，写明单位名称、账簿名称、册数、编号、起止页数、启用日期及记账人员和会计主管人员姓名，并加盖名章和单位公章。

图 5-12　建账的具体步骤

第三步

按照会计科目表的顺序、名称，在总账账页上建立总账账户；并根据总账账户明细核算的要求，在各个所属明细账户上建立二、三级明细账户。

第四步

启用订本式账簿，应从第一页起到最后一页止顺序编定号码，不得跳页、缺号；使用活页式账簿，应按账户顺序编本户页次号码。

图 5-12　建账的具体步骤（续）

新公司建账中需要注意的问题，具体如图 5-13 所示。

1	企业只设一本现金日记账。
2	应根据每个银行账号单独设立一本银行存款日记账。
3	企业只设一本总分类账。
4	存货类的明细账要用数量金额式的账页。
5	收入、费用、成本类的明细账要用多栏式的账页。
6	应交增值税的明细账单有账页；其他的基本全用三栏式账页。
7	日记账或总账根据业务量大小可以选择购买 100 页的或 200 页的账簿。

图 5-13　新公司建账中需要注意的问题

6

新公司盈利了吗
——看四大报表

到年末的时候，老板们都关心一个问题：公司今年是盈利还是一如既往的亏损，作为新公司，看看你今年盈利了吗？怎么看，从公司的四大报表看起。

简单认识资产负债表
资产负债表常见的模板
轻松填写资产负债表
什么是现金流量表
现金流量表的常见模板
如何编制现金流量表
简单认识利润表
利润表的常见模板
轻松编制利润表
什么是所有者权益变动表
所有者权益变动表的常见模板
编制填写所有者权益变动表
报表的收尾——财务报表附注

6.1 资产＋负债——资产负债表

如果说要问一家公司有多少资产，看资产负债表，问一家公司有多少负债，也看资产负债表，那么资产负债表到底是什么样的报表呢？

6.1.1 简单认识资产负债表

资产负债表是一张静态报表，反映企业在某一时间点的财务状况，如月末或年末，它还是一张平衡报表，反映资产总计（左方）与负债及所有者权益总计（右方）相等；它通过在资产负债表上设立"年初数"和"期末数"栏，以此来反映企业财务状况的一种变化。

报表充分利用了资产=负债+所有者权益会计恒等式，报表包括三个部分，一是资产，二是负债，三是所有者权益，如图 6-1 所示。

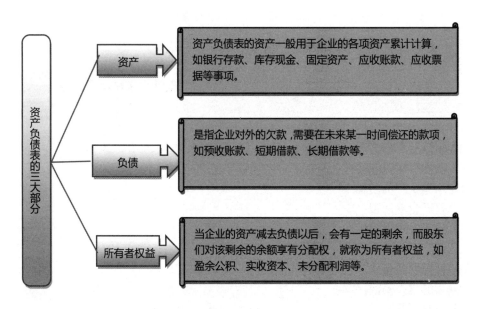

图 6-1　资产负债表的三个部分

资产负债表的基本术语如表 6-1 所示。

表6-1　资产负债表的基本术语

资产术语	定义
货币资金	货币资金=现金+银行存款+其他货币资金
短期投资	短期投资=短期投资－短期投资跌价准备
其他流动资产	其他流动资产=小型企业除以上流动资产项目外的其他流动资产
存货	存货=各种材料+商品+在产品+半成品+包装物+低值易耗品+委托货销商品等
应收票据	应收票据=应收票据
应收账款	应收账款=应收账款（借）－应计提"应收账款"的"坏账准备"
预收账款	预收账款=应收账款（贷）
其他应收款	其他应收款=其他应收款－应计提"其他应收款"的"坏账准备"
待摊费用	待摊费用=待摊费用[除摊销期限1年以上（不含1年）的其他待摊费用]
无形资产	无形资产=无形资产
工程物资	工程物资=工程物资
固定资产原价	固定资产原价=固定资产[融资租入的固定资产，其原价也包括在内]
累计折旧	累计折旧=累计折旧[融资租入的固定资产，其已提折旧也包括在内]
固定资产清理	固定资产清理=固定资产清理（借）期末为贷方余额，以"-"号填列
长期股权投资	长期股权投资=长期股权投资[小型企业不准备在1年内（含1年）变现的各种投权性质投资账面全额]
长期待摊费用	长期待摊费用="长期待摊费用"期末余额－"将于1年内（含1年）摊销的数额"
其他长期资产	其他长期资产="小型企业除以上资产以外的其他长期资产"
长期债权投资	长期债权投资=长期债权投资[小型企业不准备在1年内（含1年）变现的各种债权性质投资的账面余额
负债术语	定义
短期借款	短期借款=短期借款
应付票据	应付票据=应付票据
应付账款	应付账款=应付账款（贷）

负债术语	定义
应付工资	应付工资=应付工资（贷）
长期借款	长期借款=长期借款
长期应付款	长期应付款=长期应付款
预付账款	预付账款=应付账款（借）
应付福利费	应付福利费=应付福利费
应付利润	应付利润=应付利润
应交税金	应交税金=应付利润（贷）
其他应付款	其他应付款=其他应付款
预提费用	预提费用=预提费用（贷）
其他流动负债	其他流动负债="小型企业除以上流动负债以外的其他流动负债"
其他长期负债	其他长期负债=反映小型企业除以上长期负债项目以外的其他长期负债，包括小型企业接受捐赠记入"待转资产价值"科目尚未转入资本公积的余额
所有者权益术语	定义
实收资本	实收资本=实收资本
资本公积	资本公积=资本公积
盈余公积	盈余公积=盈余公积
法定公益金	法定公益金="盈余公积"所属的"法定公益金"期末余额
未分配利润	未分配利润=本年利润+利润分配[未弥补的亏损，在本项目内以"-"号填列]
应付职工薪酬	应付职工薪酬=应付工资+其他应交款（应付职工工资附加费等支付给个人款项）+其他应付款（职工教育经费）

在资产负债表中填写金额时，也会用到上面的一些计算公式。

如表 6-1 所示，企业通常按资产、负债、所有者权益分类分项反映。而其中的资产按流动性大小进行列示，具体分为流动资产、长期投资、固定资产、无形资产及其他资产等；负债也按流动性大小进行列示，具体分为流动负债、长期负债等；所有者权益则按实收资本、资本公积、盈余公积、未分配利润等项目分项列示。

6.1.2 资产负债表常见的模板

资产负债表一般有表首和正表两部分，其中，表首简单地概括报表名称、编制单位、编制日期、货币符号等，而正表就是资产负债表的主要内容，表明资产的各种项目。

具体形式可分为两种：一是上下结构，上半部分为资产，下半部分为负债和所有者权益；二是左右结构，左边为资产，右边为负债和所有者权益，下面以左右形式的资产负债表进行介绍，如表 6-2 所示。

表 6-2 资产负债表模板

资产负债表							
单位名称：××公司			日期：2015 年 12 月 31 日			单元：元	
资产	行次	期初数	期末数	负债及所有者权益	行次	期初数	期末数
流动资产				流动负债			
货币资金	1			短期借款	1		
应收账款	2			应付账款	2		
其他应收款	3			预提费用	3		
材料采购	4			所有者权益			
原材料	5			实收资本	4		
库存商品	6			盈余公积	5		
生产成本	7			未分配利润	6		
待摊费用	8						
非流动资产							
长期股权投资	9						
固定资产原值	10						
减：累计折旧	11						
固定资产净值	12						
无形资产	13						
资产总计				负债及所有者权益总计			

6.1.3 轻松填写资产负债表

在已经了解资产负债表模板的基础上，只需将相应的会计科目下的余额进行填写，为了更方便的填写，可以根据企业的科目余额表，直接进行填写。

首先，以 A 公司的科目余额表，如表 6-3 所示，填写相应的资产负债情况。

表 6-3　A 公司的科目余额表

A公司科目余额表			
科目名称	借方余额	科目名称	贷方余额
库存现金	3 000.00	短期借款	200 000.00
银行存款	805 831.00	应付票据	150 000.00
其他货币资金	7 500.00	应付账款	974 800.00
交易性金融资产	0	其他应付款	50 000.00
应收票据	66 000.00	应付职工薪酬	150 000.00
应收账款	500 000.00	应交税费	226 731.00
坏账准备	-1 500.00	应付利息	0
预付账款 100000	200 000.00	应付股利	32 416.00
其他应收款	5 000.00	一年内到期的长期负债	0
材料采购	270 000.00	长期借款	1 060 000.00
原材料	95 000.00	股本	4 000 000.00
周转材料	38 050.00	盈余公积	120 070.00
库存商品	2 122 400.00	未分配利润	218 014.00
材料成本差异	4 250.00		
其他流动资产	100 000.00		
长期股权投资	300 000.00		
固定资产	1 401 000.00		
累计折旧	-150 000.00		
固定资产减值准备	-30 000.00		
工程物资	300 000.00		
在建工程	408 000.00		
无形资产	500 000.00		
累计摊销	-60 000.00		
递延所得税资产	7 500.00		
其他长期资产	200 000.00		
合计	7 092 031.00	合计	7 092 031.00

企业根据相应的会计科目余额表而编制的资产负债表，其中有些会计科目可根据科目余额表中的期末余额直接填写，而有些会计科目则还需要汇总相加，

填写的资产负债表效果，如表 6-4 所示。

表 6-4　填写资产负债表

资产负债表					
					会企 01 表
编制单位：A 公司　　2015 年 12 月 30 日					单位：元
资产	期末余额	期初余额	负债和股东权益	期末余额	期初余额
流动资产：			流动负债：		
货币资金	8 061 831.00		短期借款	200 000.00	
交易性金融资产	0		应付职工薪酬	150 000.00	
应收票据	66 000.00		应付票据	150 000.00	
应收账款	500 000.00		应付账款	974 800.00	
预付款项	200 000.00		应交税费	226 731.00	
其他应收款	5 000.00		应付利息	0	
……			……		
非流动资产：			非流动负债：		
无形资产	500 000.00		长期借款	1 060 000.00	
累计摊销	-60 000.00		股本	4 000 000.00	
递延所得税资产	7 500.00		盈余公积	120 070.00	
其他非流动资产	200 000.00		未分配利润	218 014.00	
资产合计	7 092 031.00		负债和所有者权益合计	7 092 031.00	

6.2　公司有多少真金白银——现金流量表

对于企业来说，除了它的资产与负债，还有真金白银——现金流量，不仅包括现金，还包括现金等价物，现在就让我们一起去数一数企业的这些真金白银。

6.2.1　什么是现金流量表

现金流量表是反映一家公司在一定时期内现金流入和现金流出动态状况的报表。

在现金流量表中，企业的经营活动、投资活动、筹资活动反映现金流量的事项应包括的内容如图 6-2～图 6-4 所示。

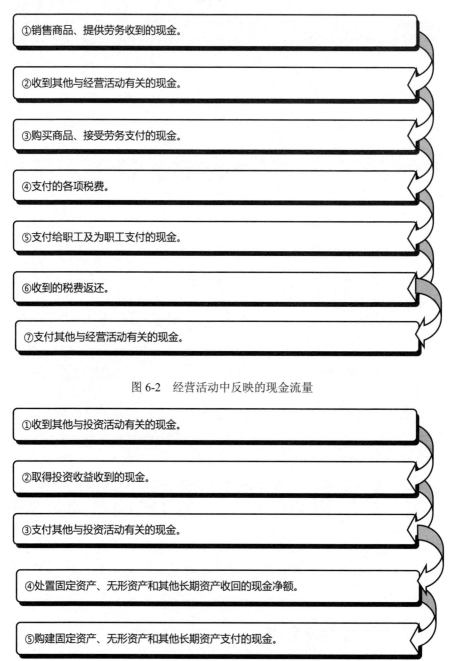

①销售商品、提供劳务收到的现金。

②收到其他与经营活动有关的现金。

③购买商品、接受劳务支付的现金。

④支付的各项税费。

⑤支付给职工及为职工支付的现金。

⑥收到的税费返还。

⑦支付其他与经营活动有关的现金。

图 6-2　经营活动中反映的现金流量

①收到其他与投资活动有关的现金。

②取得投资收益收到的现金。

③支付其他与投资活动有关的现金。

④处置固定资产、无形资产和其他长期资产收回的现金净额。

⑤购建固定资产、无形资产和其他长期资产支付的现金。

图 6-3　投资活动中反映的现金流量

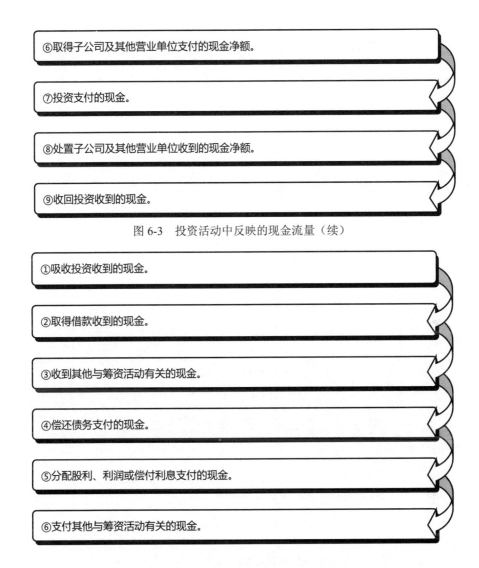

图 6-3 投资活动中反映的现金流量（续）

图 6-4 筹资活动中反映的现金流量

6.2.2 现金流量表的常见模板

现金流量表模板，如表 6-5 所示。

表 6-5　现金流量表模板

现金流量表		

会企 01 表

编制单位：B 股份有限公司　　　　　2015 年 12 月 30 日　　　　　单位：元

项目	行次	金额
一、经营活动产生的现金流量：		
销售商品、提供劳务收到的现金	1	
收到的税费返还	3	
收到其他与经营活动有关的现金	8	
经营活动现金流入小计	9	
购买商品、接受劳务支付的现金	10	
支付给职工及为职工支付的现金	12	
支付的各项税费	15	
支付其他与经营活动有关的现金	20	
经营活动现金流出小计	21	
经营活动产生的现金流量净额	22	
二、投资活动产生的现金流量：		
收回投资收到的现金	23	
取得投资收益收到的现金	24	
处置固定资产、无形资产和其他长期资产收回的现金净额	26	
收到其他与投资活动有关的现金	30	
投资活动现金流入小计	31	
购建固定资产、无形资产和其他长期资产支付的现金	32	
投资所支付的现金	33	
支付其他与投资活动有关的现金	39	
投资活动现金流出小计	40	
投资活动产生的现金流量净额	41	
三、筹资活动产生的现金流量：		
吸收投资收到的现金	42	
取得借款收到的现金	44	
收到其他与筹资活动有关的现金	49	
现金流入合计	50	

续表

偿还债务所支付的现金	51	
分配股利、利润、偿付利息所支付的现金	53	
支付的与筹资活动有关的其他现金	56	
现金流出合计	57	
筹资活动产生的现金流量净额	58	
四、汇率变动对现金的影响	59	
五、现金流量净额	60	

6.2.3　如何编制现金流量表

一般来说，会根据现金流量的工作底稿来编制相应的现金流量表，如表 6-6 所示。

表 6-6　现金流量表的工作底稿

现金流量表工作底稿

单位名称：B 公司　　　　会计期间：2015 年度　　　　　　　单位：元

项　　目	期初数	调整分录		期末数
		借方	贷方	
一、资产负债表项目	—	—	—	—
借方项目：				
货币资金	500 000.00		200 000.00	300 000.00
应收账款	150 000.00	80 000.00	200 000.00	30 000.00
……				
借方项目合计	3 507 828.00			3 384 726.00
贷方项目：	—	—	—	—
短期借款	150 000.00	100 000.00		50 000.00
……				
所有者权益类项目：	—	—	—	—
股本	2 000 000.00			2 000 000.00
盈余公积	50 000.00		100 000.00	150 000.00
负债及所有者权益项目合计	150 000.00			3 507 828.00
二、利润表项目	—	—	—	本期数
主营业务收入			500 000.00	500 000.00

续表

......				
三、现金流量表项目：	—	—	—	—
（一）经营活动产生的现金流量：	—	—	—	—
销售商品、提供劳务收到的现金	−25000	500 000.00	5 000.00	505 000.00
现金流入小计	—	—	—	505 000.00
购买商品、接受劳务支付的现金		123 500.00	238 500.00	115 000.00
经营租赁所支付的现金			12 000.00	12 000.00
......				
现金流出小计	—			377 542.00
经营活动产生的现金流量净额	—			152 458.00
（二）投资活动产生的现金流量：	—	—	—	—
收回投资所收到的现金		15 000.00		15 000.00
分得股利或利润所收到的现金		5000.00		5 000.00
......				
现金流入小计				156 500.00
购建长期资产所支付的现金		50 180.00		50 180.00
权益性投资所支付的现金		20 000.00		20 000.00
债权性投资所支付的现金		100 000.00		100 000.00
现金流出小计				198 180.00
投资活动产生的现金流量净额	—			−41 680.00
（三）筹资活动产生的现金流量	—	—	—	—
吸收权益性投资所收到的现金	−50000	100 000.00		100 000.00
发行债券所收到的现金		350 000.00		350 000.00
......				
现金流入小计				575 000.00
偿还债务所支付的现金			300 000.00	300 000.00
发生筹资费用所支付的现金			5 385.00	5 385.00
分配股利或利润所支付的现金			8 000.00	8 000.00
现金流出小计				313 385.00
筹资活动产生的现金流量小计				261 615.00
（四）汇率变动对现金的影响额				
（五）现金及现金等价物净减少额				
单位负责人：罗××				

根据上述工作底稿，可以编制相应的现金流量表，如表6-7所示。

表6-7　填写现金流量表

现金流量表

会企01表

编制单位：B公司　　　　　2014年12月31日		单位：元
项目	行次	金额
一、经营活动产生的现金流量：		
销售商品、提供劳务收到的现金	1	505 000.00
收到的税费返还	3	
收到其他与经营活动有关的现金	8	
经营活动现金流入小计	9	530 000.00
购买商品、接受劳务支付的现金	10	115 000.00
支付给职工及为职工支付的现金	12	
支付的各项税费	15	
支付其他与经营活动有关的现金	20	12 000.00
经营活动现金流出小计	21	377 542.00
经营活动产生的现金流量净额	22	152 458.00
二、投资活动产生的现金流量：		
收回投资收到的现金	23	15 000.00
取得投资收益收到的现金	24	5 000.00
处置固定资产、无形资产和其他长期资产收回的现金净额	26	
收到其他与投资活动有关的现金	30	
投资活动现金流入小计	31	156 500.00
购建固定资产、无形资产和其他长期资产支付的现金	32	170 180.00
投资所支付的现金	33	
支付其他与投资活动有关的现金	39	
投资活动现金流出小计	40	198 180.00
投资活动产生的现金流量净额	41	-41 680.00
三、筹资活动产生的现金流量：		
吸收投资收到的现金	42	300 000.00
取得借款收到的现金	44	
收到其他与筹资活动有关的现金	49	150 000.00
现金流入合计	50	575 000.00
偿还债务所支付的现金	51	300 000.00
分配股利、利润、偿付利息所支付的现金	53	8 000.00

续表

支付的与筹资活动有关的其他现金	56	5 385.00
现金流出合计	57	313 385.00
筹资活动产生的现金流量净额	58	261 615.00
四、汇率变动对现金的影响	59	
五、现金流量净额	60	

6.3 公司利润最直接的体现——利润表

如果说老板们或者管理者对于企业的资产负债表、现金流量表不感兴趣，那么对于企业的利润表应该是有兴趣的，企业亏了还是盈利了，看利润表一目了然。

6.3.1 简单认识利润表

利润表是反映企业在一定会计期间经营成果的报表。例如，反映1月1日至12月31日经营成果的利润表，有时，利润表也称为损益表或收益表。它主要反映四个方面的内容，具体如图6-5所示。

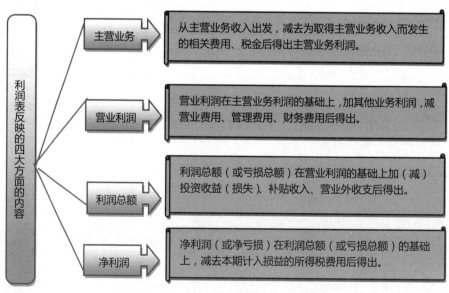

图6-5 利润表反映的四个方面的内容

6.3.2 利润表的常见模板

企业的利润表分为单步式利润表和多步式利润表两种，企业常用的是多步式利润表。

单步式利润表是将当期所有的收入列在一起然后将所有的费用列在一起两者相减得出当期净损益。多步式利润表是通过对当期的收入、费用、支出项目按性质加以归类，按利润形成的主要环节列示一些中间性利润指标，如主营业务利润、营业利润、利润总额、净利润，分步计算当期净损益。

下面简单认识多步式利润表的结构，如表 6-8 所示。

表 6-8 利润表模板

利润表		
		会企 01 表
编制单位：××股份有限公司　　　2015 年度		单位：元
项目	本期金额	上期金额（略）
一、营业收入		
减：营业成本		
营业税金及附加		
销售费用		
管理费用		
财务费用		
资产减值损失		
加：公允价值变动收益（损失以"–"号填列）		
投资收益（损失以"–"号填列）		
其中：对联营企业和合营企业的投资收益		
二、营业利润（亏损以"–"号填列）		
加：营业外收入		
减：营业外支出		
其中：非流动资产处置损失		
三、利润总额（亏损总额以"–"号填列）		
减：所得税费用		
四、净利润（净亏损以"–"号填列）		
五、每股收益：		
（一）基本每股收益		
（二）稀释每股收益		

6.3.3 轻松编制利润表

企业的利润表的编制尽量简单化，比如，通过统计企业的年度损益类会计科目的累计发生额，并根据相应的计算公式，将相应的数据填入利润表内。下面来计算企业的年度损益类会计科目的累计发生额。

还是以 B 公司为例计算累计利润，如表 6-9 所示。

表 6-9　计算累计利润

B 公司 2015 年度损益类会计科目的累计发生额		
科目名称	借方余额	贷方余额
营业收入	5 000 000.00	
营业成本	700 000.00	
营业税金及附加	3 000.00	
销售费用	20 000.00	
管理费用	100 000.00	
财务费用	40 000.00	
资产减值损失	30 000.00	
投资收益		20 500.00
营业外收入		100 000.00
营业外支出	19 700.00	
所得税费用	75 000.00	

对损益类的会计科目的余额进行计算以后，接下来即可将汇总的数据计入相关的利润表中，记住一定不能输错数据，同时在这过程中，一定要注意对利润进行计算，具体如图 6-6 和表 6-10 所示。

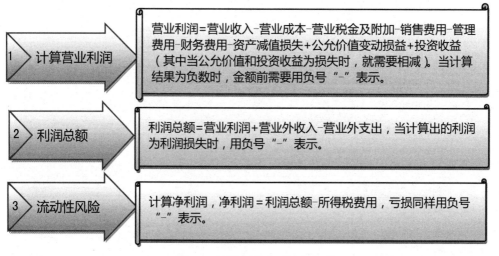

1	计算营业利润	营业利润=营业收入-营业成本-营业税金及附加-销售费用-管理费用-财务费用-资产减值损失+公允价值变动损益+投资收益（其中当公允价值和投资收益为损失时，就需要相减）。当计算结果为负数时，金额前需要用负号"-"表示。
2	利润总额	利润总额=营业利润+营业外收入-营业外支出，当计算出的利润为利润损失时，用负号"-"表示。
3	流动性风险	计算净利润，净利润=利润总额-所得税费用，亏损同样用负号"-"表示。

图 6-6　利润表的主要计算事项

| 4 | 结果统计 | 最后，将主要事项的计算结果填入相应的利润表，不得为了利润表的好看多填或少填相应的数据。 |

| 5 | 常用的公式 | ①毛利=净销售-销货成本，净销售=销售-销货退回与折让
②销货成本=期初存货+购货-购货退回与折让+购货运费-期末存货
③纯利=所有收入-所有支出 |

图 6-6 利润表的主要计算事项（续）

表 6-10 填写利润表

利润表

会企 02 表

编制单位：××股份有限公司　　　2014 年度　　　　单位：元

项目	本期金额	上期金额（略）
一、营业收入	5 000 000.00	
减：营业成本	700 000.00	
营业税金及附加	3 000.00	
销售费用	20 000.00	
管理费用	100 000.00	
财务费用	40 000.00	
资产减值损失	30 000.00	
加：公允价值变动收益（损失以"-"号填列）	0	
投资收益（损失以"-"号填列）	20 500.00	
其中：对联营企业和合营企业的投资收益	0	
二、营业利润（亏损以"-"号填列）	1 127 500.00	
加：营业外收入	100 000.00	
减：营业外支出	19 700.00	
其中：非流动资产处置损失		
三、利润总额（亏损总额以"-"号填列）	1 157 800.00	
减：所得税费用	75 000.00	
四、净利润（净亏损以"-"号填列）	4 132 800.00	
五、每股收益：		
（一）基本每股收益		
（二）稀释每股收益		

6.4 股东红包有多大——所有者权益变动表

对于企业的股东来说，将一定的资本投入企业，不管是 20 万元还是 50 万元，甚至更高，他们都会期望获得一定的投资回报，如每年的股东分红，那么这份红包能不能拿到？红包有多大？且看所有者权益变动表。

6.4.1 什么是所有者权益变动表

所有者权益变动表应当全面反映一定时期所有者权益变动的情况。

在了解所有者权益变动之前，首先了解什么是所有者权益。在会计等式中，我们看到：资产=负债+所有者权益，从而可以衍生得出：所有者权益=资产-负债，因此所有者权益定义为，企业的全部资产减去全部负债后的剩余权益，表现在资产负债表中如表 6-11 所示。

图 6-11　资产负债表中的所有者权益

资产负债表			
负债及所有者权益	行次	期初数	期末数
流动负债：			
短期借款	1	¥800 000.00	¥300 000.00
应付账款	2	¥50 000.00	0
预提费用	3	¥5 000.00	¥5 320.00
所有者权益：			
实收资本	4	¥1 000 000.00	¥1 500 000.00
盈余公积	5	¥95 300.00	¥105 400.00
未分配利润	6		
负债及所有者权益总计：			

如果抛开资产与负债，那么所有者的权益一般就是我们常见的实收资本、资本公积、留存收益，这三者在第二章都有详细的介绍。

6.4.2 所有者权益变动表的常见模板

所有者权益变动表模板，如表 6-12 所示。

图 6-12 所有者权益变动表模板

所有者权益变动表												
编制单位：××公司				2015 年度						单位：元		
项目	行次	本年金额						上年金额				
		实收资本（股本）	资本公积	减：库存股	盈余公积	未分配利润	所有者权益合计	实收资本(股本)	资本公积	减：库存股	盈余公积	未分配利润	所有者权益合计
一、上年年末余额												
加：会计政策变更												
前期纠正												
二、本年年初余额												
三、本年增减变动金额（减少以"-"号填列）												
（一）净利润												
（二）直接计入所有者权益的利得和损失												
1.可供出售金融资产公允价值变动额												
2.权益法下被投资单位其他所有者权益变动的影响												
3.与计入所有者权益项目相关的所得税影响												

项目											
4.其他											
上述(一)和(二)小计											
（三）所有者投入和减少资本											
1.所有者投入资本											
2.股份支付计入所有者权益的金额											
3.其他											
（四）利润分配											
1.提取盈余公积											
2.对所有者(或股东)的分配											
3.其他											
（五）所有者权益内部结转											
1.资本公积转增资本（或股本）											
2.盈余公积转增资本（或股本）											
3.盈余公积弥补亏损											
4.其他											
四、本年年末余额											

所有者权益变动表"上年金额"栏内各项数字，应根据上年度所有者权益变动表"本年金额"内所列数字填列。如编制的是 2015 年度的所有者权益变动表，那么"上年金额"的各项数字=2014 年度的所有者权益变动表中的"本年金额"。

如果两者的金额不相等，那么财务人员应对上年度所有者权益变动表各项金额按照本年度的规定进行调整。

6.4.3　编制填写所有者权益变动表

下面对报表进行编制与填写。

从所有者权益变动表的模板中我们知道，各项目均需填列"本年金额"和
"上年金额"两栏。而"本年金额"栏内各项数字应根据"实收资本(或股本)"、
"资本公积"、"盈余公积"、"利润分配"、"库存股"、"以前年度损益调整"科
目的发生额分析填列。当在填制报表时，需要填写的项目如表6-13所示。

表6-13 所有者权益变动表项目列报

所有者权益变动表项目列报		
"上年年末余额"项目	实收资本（或股本）	公司根据合同或章程规定，接受投资者投入的资本
	资本公积	投资者对于企业的投资资本的总额超过了其在注册资本中应出资的份额
	盈余公积	企业从税后利润中提取形成的并存留于企业内部，具有特定用途的收益积累
	未分配利润	一是留待以后年度处理的利润；二是未指明特定用途的利润
"本年增减变动额"项目	"净利润"项目	反映企业当年实现的净利润(或净亏损)金额，并对应列在"未分配利润"栏
	"其他综合收益"项目	反映企业当年直接计入所有者权益的一种利得和损失的金额
	"所有者投入和减少资本"项目	反映企业当年所有者投入的资本和减少的资本
	"利润分配"下各项目	"提取盈余公积"项目，反映企业按照规定提取的盈余公积
		"对所有者（或股东）的分配"项目，反映对所有者（或股东）分配的利润（或股利）金额
	"所有者权益内部结转"下各项目	"资本公积转增资本（或股本）"项目，反映企业以资本公积转增资本或股本的金额
		"盈余公积转增资本（或股本）"项目，反映企业以盈余公积转增资本或股本的金额
		"盈余公积弥补亏损"项目，反映企业以盈余公积弥补亏损的金额
		其他

接下来，就需要在报表中填写相应的数据，如表6-14所示。

图6-14 填写所有者权益变动表

所有者权益变动表

编制单位：××公司　　　　　　　2015年度　　　　　　　单位：元

项目	行次	本年金额						上年金额					
		实收资本（股本）	资本公积	减：库存股	盈余公积	未分配利润	所有者权益合计	实收资本（股本）	资本公积	减：库存股	盈余公积	未分配利润	所有者权益合计
一、上年年末余额		0	0	0	0	0	0						
加：会计政策变更													
前期纠正													
二、本年年初余额		1 000 000	0	0	0	0	0						
三、本年增减变动金额（减少以"-"号填列）													
（一）净利润						250 000	250 000						
（二）直接计入所有者权益的利得和损失													
1.可供出售金融资产公允价值变动额													
2.权益法下被投资单位其他所有者权益变动的影响													
3.与计入所有者权益项目相关的所得税影响													
4.其他													
上述（一）和（二）小计						100 000	100 000						

续表

（三）所有者投入和减少资本										
1.所有者投入资本										
2. 股份支付计入所有者权益金额										
3.其他										
（四）利润分配										
1.提取盈余公积				25 000	−25 000					
2. 对所有者(或股东)的分配					−6 255.50	−6 255.50				
3.其他										
（五）所有者权益内部结转										
1.资本公积转增资本（或股本）										
2.盈余公积转增资本（或股本）										
3.盈余公积弥补亏损										
4.其他										
四、本年年末余额										

6.5　报表的收尾——财务报表附注

　　财务报表中的一些事项，查看报表的人如果有看不明白的情况，可以查看企业的财务报表附注，那么财务报表附注到底是什么？它具有什么样的功能呢？

6.5.1　附注小概念

　　财务报表附注，简单来说，是对资产负债表、利润表、现金流量表和所有者权益变动表等报表中列示项目的文字描述或明细资料，以及对未能在这些报表中列示项目的说明，它可以使报表使用者更全面地了解企业的财务状况及经营成果。

财务报表附注的特性如图 6-7 所示。

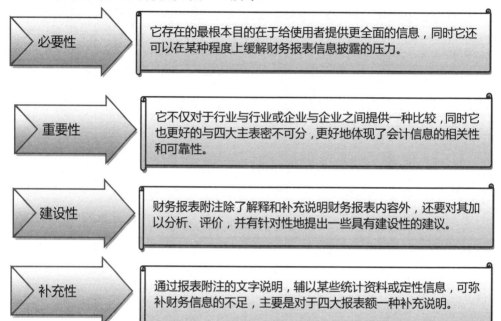

必要性	它存在的最根本目的在于给使用者提供更全面的信息，同时它还可以在某种程度上缓解财务报表信息披露的压力。
重要性	它不仅对于行业与行业或企业与企业之间提供一种比较，同时它也更好的与四大主表密不可分，更好地体现了会计信息的相关性和可靠性。
建设性	财务报表附注除了解释和补充说明财务报表内容外，还要对其加以分析、评价，并有针对性地提出一些具有建设性的建议。
补充性	通过报表附注的文字说明，辅以某些统计资料或定性信息，可弥补财务信息的不足，主要是对于四大报表额一种补充说明。

图 6-7　财务报表附注的特性

6.5.2　财务报表附注内容构成

财务报表附注的基本内容，根据《企业会计准则第 30 号——财务报表列报》规定，披露的内容如图 6-8 和表 6-15 所示。

企业的基本情况

包括如企业注册地、组织形式和总部地址、企业的业务性质和主要经营活动、如企业所处的行业、所提供的主要产品或服务、客户的性质等。

财务报表的编制基础

如会计年度、记账本位币、现金及现金等价物、计量方式等。

遵循企业会计准则的声明

企业应当声明编制的财务报表符合企业会计准则的要求，真实、完整地反映了企业的财务状况、经营成果和现金流量等有关信息。

图 6-8　财务报表附注披露的内容

重要会计政策和会计估计

重要会计政策的说明，如财务报表项目的计量基础及会计政策的确定依据，而会计估计主要体现在对于报表采用的关键假设和不确定因素披露相关的确定依据。

会计政策和会计估计变更及差错更正的说明

根据相应会计规则，披露相关的会计政策，以及会计估计变更及差错更正的有关情况。

报表重要项目的说明

以文字和数字描述相结合，尽可能以列表形式披露报表重要项目的构成或当期增减变动情况，同时注意报表重要项目的明细金额合计，应当相关于报表项目金额。

其他需要说明的重要事项

主要包括或有和承诺事项、资产负债表日后非调整事项、关联方关系及其交易。

图 6-8　财务报表附注披露的内容（续）

图 6-15　财务报表附注披露的具体内容

财务报表附注披露的内容	
项目	说明
会计假设	不符合基本会计假设的说明
会计政策	编制会计合并报表所采纳的原则；
	外币折算时所采用的方法
	收入的确认原则
	所得税的会计处理方法
	短期投资的期末计价方法
	存货的计价方法

会计政策	长期股权投资的核算方法
	长期债权投资的溢折价的摊销方法
	坏账损失的的具体会计处理方法
	借款费用的处理方法
	无形资产的计价及摊销方法
	应付债券的溢价和折价的摊销方法
或有事项	或有事项的说明
资产负债表	资产负债表日后事项的说明
关联方关系及其交易	关联方关系及其交易的说明
会计报表中重要项目	应收款项（不包括应收票据）及计提坏帐准备的方法
	存货、投资核算的方法
	固定资产计价和折旧方法
	无形资产计价和摊销的方法
	长期待摊费用的摊销方法
	收入的分类及金额
	所得税的会计处理方法
其他重大会计事项说明	企业合并、分立
	重要资产的转让或出售情况
	重大投资、融资活动
	合并会计报表的说明
	其他有助于理解和分析会计报表的事项

6.5.3　简单编写财务报表附注

财务报表附注同样有模板，在了解模板之前，需要先了解它的具体形式。

财务报表附注一般采用旁注、底注、附表等形式进行说明，而三者的具体内容如图 6-9 所示。

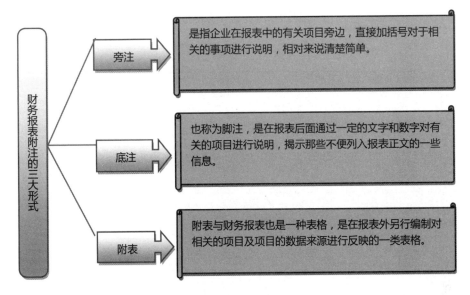

图6-9 财务报表附注的具体内容

财务附注模板如表6-16所示。

表6-16 财务附注模板

××股份有限公司
会计报表附注
一、基本情况
简要说明公司的所有者及构成、性质或类型、注册资本、法定代表人、经营范围、注册地址，生产、经营管理概况等
二、不符合会计核算前提的说明
会计核算前提包括会计主体、持续经营、分期核算和货币计量，如果会计报表不符合这些前提中的任何一个，都应该加以说明
三、主要会计政策和会计估计的说明
1. 会计其间 公司的会计年度为公历每年1月1日起至12月31日止
2. 记账本位币（公司以人民币为记账本位币）

3．会计制度

公司执行的会计制度

4．记账基础和计价原则

记账基础是否按权责发生制原则，资产的计价是否遵循历史成本原则

5．外币业务的核算

应说明发生外币业务时采用的折算汇率，期末对外币账户折算采用的汇率，以及汇兑差额的处理方法

6．合并会计报表编制方法

合并会计报表的企业说明合并日期、合并范围及其确定原则，子公司与母公司会计政策不一致的，说明在编制时是否已按母公司会计政策进行了调整，并说明子公司所采用的特殊会计政策

7．坏账核算方法

应说明坏账的确认标准，以及坏账准备的计提方法和计提比例，并重点说明如下事项：

本年度实际冲销的应收款项及其理由，其中，实际冲销的关联交易产生的应收款项应单独披露

8．存货核算方法

说明存货分类、取得、发出、计价及低值易耗品和包装物的摊销方法

9．投资的核算方法

说明投资的核算和计价方法；投资变现及投资收益汇回的重大限制；股权投资差额的摊销方法、债券投资溢价和折价的摊销方法

10．固定资产计价与折旧政策

类别	预计使用年限	预计净残值率	年折旧率	折旧方法
房屋及建筑物				
机器设备				
运输设备				
办公设备				
其他				

11．无形资产计价及摊销方法

说明无形资产的种类、计价方法及摊销方法

12．递延资产的摊销方法

说明递延资产的分类及摊销方法

13．应付债券的核算方法

说明应付债券的计价及债券溢价或折价的摊销方法

续表

14. 税项

序号	税种	税率	计税依据

享受税收优惠政策的应说明依据

15. 利润分配方法

说明本年度利润分配方法（包括提取法定盈余公积、法定公益金、任意盈余公积、分配股利等）

16. 收入确认方法

说明本年度实现收入的分类及确认收入的方法

四、重要会计政策和会计估计变更的说明，以及重大会计差错更正的说明

1. 会计政策变更的内容和理由、累积影响数及累积影响数不能合理确定的理由

2. 会计估计变更的内容和理由、影响数及影响数不能合理确定的理由

3. 重大会计差错的内容及更正金额

五、会计报表主要项目注释

1. 货币资金

项目	期初余额	期末余额
现金		
银行存款		
其他货币资金		
合计		

2. 短期投资

项目	期初余额	本期增加额	本期减少额	期末余额
1. 股权投资				
其中：股票投资				
2. 债券投资				
其中：国债投资				
其他债券				
3. 其他投资				
合计				

3. 应收票据

出票人	票据种类	出票日	到期日	期末余额
合计				

4．应收账款

（1）期末余额及账龄分析

账龄 项目	期初余额			期末余额		
	金额	比例（%）	坏账准备	金额	比例（%）	坏账准备
1 年以内						
1～2 年						
2～3 年						
3 年以上						
合　计						

（2）主要债务人

单位名称	期末余额	备注
合　　计		

5．其他应收款

（1）期末余额及账龄分析

账龄 项目	期初余额			期末余额		
	金额	比例（%）	坏账准备	金额	比例（%）	坏账准备
1 年以内						
1～2 年						
2～3 年						
3 年以上						
合　计						

（2）主要债务人

单位名称	期末余额	备注
合　　　计		

6．预付账款

（1）期末余额及账龄分析

账龄 项目	期初余额			期末余额		
	金额	比例（%）	坏账准备	金额	比例（%）	坏账准备
1 年以内						
1～2 年						
2～3 年						
3 年以上						

续表

（2）主要债务人

单位名称	期末余额	备注
合　　计		

7．存货

项目	期初余额	期末余额	超过3年的存货
原材料			
库存商品			
低值易耗品			
包装物			
合计			

8．待摊费用

费用项目	期初余额	本期增加额	本期摊销额	期末余额
合　　计				

9．待处理流动资产净损失

类别	期初余额	本期增加额	本期减少额	期末余额	期末余额形成原因
（1）存货					
（2）其他项目					
合　　计					

10．长期投资

项目	期初余额	本期增加额	本期减少额	期末余额
1．长期股权投资				
其中：对子公司投资				
对合营企业投资				
对联营企业投资				
2．长期债权投资				
其中：国债投资				
3．其他长期投资				
合计				

11. 固定资产及累计折旧

固定资产原值	期初余额	本期增加额	本期减少额	期末余额
1. 房屋及建筑物				
2. 机器设备				
3. 运输设备				
4. 办公设备				
5. 其他设备				
合　　计				
累计折旧				
1. 房屋及建筑物				
2. 机器设备				
3. 运输设备				
4. 办公设备				
5. 其他设备				
合计				
固定资产净值				

12. 在建工程

项目名称	资金来源	工程进度	期初余额	本期增加	本期减少	期末余额	备注
合计							

13. 固定资产清理

项目	期初余额	本期增加额	本期减少额	期末余额	备注
合　　计					

14. 待处理固定资产净损失

类　　别	期初余额	本期增加额	本期减少额	期末余额	期末余额形成原因
合　　计					

15. 无形资产

种类	实际成本	期初余额	本期增加数	本期转出数	本期摊销数	期末余额
合计						

续表

16. 递延资产（长期待摊费用）

种类	期初余额	本期增加	本期摊销	期末余额
合计				

17. 短期借款

项目	期初余额	期末余额	借款期限	年利率	有无合同	备注
合　　计						

18. 应付账款

（1）期末余额及账龄分析

账龄 项目	期末余额	所占比例（%）
3年以内		
3年（含）以上		
合　　计		

（2）主要债权人

单位名称	期末余额	备注
合计		

19. 预收账款

（1）期末余额及账龄分析

账龄 项目	期末余额	所占比例（%）
3 年以内		
3 年（含）以上		
合　　计		

（2）主要债权人

单位名称	期末余额	备注
合计		

续表

20. 应付工资及应付福利费

项目	期初余额	本期增加额	本期减少额	期末余额
应付工资				
应付福利费				

21. 应付利润（股利）

项目	期初余额	本期增加额	本期减少额	期末余额
合计				

22. 未交税金

项目	上期欠缴	本期应缴	本期已缴	期末欠缴	备注
合计					

23. 其他应交款

项目	期初余额	本期增加额	本期减少额	期末余额
教育费附加				
合计				

24. 其他应付款

（1）期末余额及账龄分析

账龄 项目	期末余额	所占比例（%）
3 年以内		
3 年（含）以上		
合计		

（2）主要债权人

单位名称	期末余额	借款内容
合计		

25. 预提费用

费用项目	期初余额	本期增加额	本期减少额	期末余额
合计				

续表

26．长期借款

项目	期初余额	期末余额	借款年限	年利率	有无合同	借款方式
合计						

27．长期应付款

项目	期初余额	期末余额	借款年限	年利率	有无合同	借款方式
合计						

28．专项应付款

项目	期初余额	期末余额	借款年限	年利率	有无合同	借款方式
合计						

29．实收资本
实收资本中国家资本、国有法人资本年初、年末数及增加、减少的逐项原因与数额

30．资本公积
资本公积年初、年末数中国有资本公积计算比例及数额，增加、减少的逐项原因与数额，其中国家独享部分的内容及数额

31．盈余公积
盈余公积年初、年末数中国有盈余公积的数额，增加、减少的逐项原因与数额

32．未分配利润
未分配利润年初、年末数中国有未分配利润的数额，增加、减少的逐项原因与数额

33．合并报表中涉及"未确认投资损失"与"外币报表折算差额"的主要内容等情况

34．主营业务收入
按主要收入类别列示本年实现的收入，收入比上年变化较大的应说明原因

35．主营业务成本
按主要项目列示本年发生的成本，收入比上年变化较大的应说明原因

36．主营业务税金及附加

种类	本年发生额	备 注
1.营业税		
2.城建税		
3.教育费附加		
合 计		

37. 其他业务利润

其他业务种类	收入	支出	利润	备注
合　计				

38. 投资收益

项目	股票投资		其他股权投资		债券投资
	成本法	权益法	成本法	权益法	
1、短期投资					
2、长期投资					
合　计					

39. 营业费用
按营业费用的主要项目列示各项目本年的发生额

40. 管理费用
按管理费用的主要项目列示各项目本年的发生额

41. 财务费用
按财务费用的主要项目列示各项目本年的发生额

42. 补贴收入
按收入类别列示本年发生的补贴收入

43. 营业外收入
按营业外收入的主要项目列示各项目本年的发生额

44. 营业外支出
按营业外支出的主要项目列示各项目本年的发生额

45. 所得税
分别列示并说明会计利润与应纳税所得额之间差额及原因、计算依据和方法。执行优惠税率的，应说明依据

六、其他主要事项说明

（一）证券买卖

金额单位：万元

单位名称或期限	购买日期	到期日	面值	年利率	购买成本	应计利息	期末金额	本期收益
一、国债								
1. 年期								

续表

2. 年期							
3. 其他							
小　计							

（二）资产抵押情况

抵押资产的类别	抵押资产的价值	用途
一、固定资产		
1. 房屋及建筑物		
2. 机械设备		
3. 运输设备		
4. 其他设备		
小　计		
二、其他资产		
1.		
2.		
3.		
小　计		
合　计		

（三）或有事项的说明

1. 已贴现商业承兑汇票形成的或有负债

2. 未决诉讼、仲裁形成的或有负债

3. 为其他单位提供债务担保形成的或有负债

4. 其他或有负债（不包括极小可能导致经济利益流出企业的或有负债）

5. 或有负债预计产生的财务影响

6. 或有负债获得补偿的可能性

（四）资产负债表日后事项的说明

资产负债表日至审计报告日期间发生的对一个企业的巨额投资、自然灾害导致的资产损失及外汇汇率发生较大变动等非调整事项的内容，估计对财务状况、经营成果的影响。

（五）关联方关系及其交易的说明

1. 存在控制关系的关联方

（1）存在控制关系的关联方

关联方名称	注册地址	主营业务	与本企业关系	经济性质或类型	法定代表人

（2）存在控制关系的关联方的注册资本及其变化

关联方名称	年初数	本年增加	本年减少	年末数

（3）存在控制关系的关联方所持股份或权益及其变化

关联方名称	年初数		本年增加		本年减少		年末数	
	金额	%	金额	%	金额	%	金额	%

2. 不存在控制关系的关联方

关　联　方　名　称	与本企业的联系

3. 关联方交易

（1）采购

关联方名称	本　年　数		
	金　额	占年度购货%	计价标准

如果关联方交易价格的确定高于或低于一般交易价格的，应说明其价格的公允性。

续表

（2）销售

关联方名称	本 年 数		
	金 额	占年度售货%	计价标准
合 计			

如果关联方交易价格的确定高于或低于一般交易价格，应说明其价格的公允性。

（3）应收账款关联方余额占全部应收账款余额的比重

关联方名称	年 末 数	
	金 额	占年末%
合 计		

（4）预付账款关联方余额占全部预付账款余额的比重

关联方名称	年 末 数	
	金 额	占年末%
合 计		

（5）应付账款关联方余额占全部应付账款余额的比重

关联方名称	年 末 数	
	金 额	占年末%
合 计		

（6）预收账款关联方余额占全部预收账款余额的比重

关联方名称	年 末 数	
	金 额	占年末%

续表

（7）其他应收款关联方余额占全部其他应收款余额的比重

关联方名称	年　末　数	
	金　　额	占年末%
合　　计		

（8）其他应付款关联方余额占全部其他应付款余额的比重

关联方名称	年　末　数	
	金　　额	占年末%

（9）其他应披露事项

如果存在为关联方提供抵押、担保事项，应说明贷款金额、期限、条件；

如果存在向关联方出售或购买、租赁或固定资产、出售或购买、使用无形资产等其他交易事项，需披露交易金额、计价标准。

（六）重要资产转让及其出售的说明

（七）企业合并、分立的说明

（八）公有住房出售、职工住房补贴及住房周转金年初转销处理的调账情况

根据各单位具体情况，如有其他需要披露的重要事项，按内容、性质、涉及金额等进行披露

7

会计的小伙伴——出纳

财务工作从某种程度上来说，是一项庞大而艰巨的工程，为了完成这个工程就需要一个 team，在这个 team 中，会计和出纳就是两位密不可分的小伙伴。会计我们会更熟悉一些，然而对于出纳你又了解多少呢？

简单认识企业的出纳人员
如何选择出纳人员
出纳工作职责明确
出纳常见的工作差错
小票的认识与保管
如何填写支票
简单填写出纳报告单
现金用于支付工资后，如何登账
差旅费用如何登记报销
对公账户转入对私账户如何记账
练就出纳工作小技能

7.1 新公司的出纳管理

任何一家公司出纳都是必不可少的，如果有会计的存在，就会有一位出纳。那么如何对出纳进行管理呢？

7.1.1 简单认识企业的出纳人员

在古代，在金算盘还流行的时候，便有出纳，"出"即支出，而"纳"即收入。

站在现在会计的角度，出纳从大众的角度来说，不仅指会计部门的出纳工作人员，也包括业务部门的各类收款员。

出纳人员工作的特性，具体如图 7-1 所示。

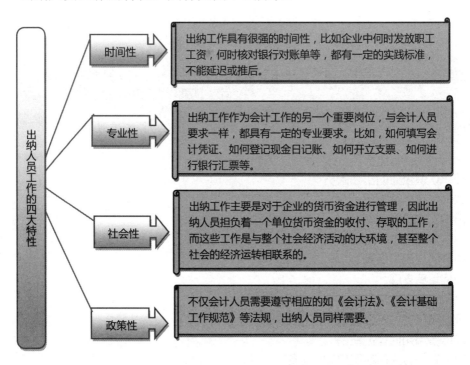

图 7-1 出纳人员工作的特性

7.1.2 如何选择出纳人员

作为企业的管理者，如何为企业选择一位最合适的出纳人员呢？

首先，应该明确出纳人员必须具备的一些条件，如图 7-2 所示。

1	了解国家相关的财经政策及会计与税务法规，并熟悉银行结算业务。
2	具有良好的职业操守与沟通能力，并且个人工作细致，责任感强。
3	能熟练使用各种财务工具和办公软件。
4	会计、财务等相关专业，具有会计从业资格证书。
5	学习能力强，如独立工作能力和财务分析能力。

图 7-2　出纳人员必须具备的一些条件

不同的行业对于出纳人员的要求，还会有一些细节的不同，如选择一位还是几位，又如一些公司对于出纳是否具有当地的户口要求，再如一些服务行业可能要求出纳人员能接受周末加班，而周一至周五有一天或者两天的休息，所以企业在选择出纳人员时，还要结合企业的实际情况考虑。

出纳人员的自我要求如图 7-3 所示。

1	掌握各种会计制度，如现金管理制度和银行结算制度。
2	不仅要具备财会专业基本知识，还要具备较高的处理出纳事务的能力。
3	热爱出纳工作，要有严谨细致的工作作风和职业习惯。
4	由于会对于现金与支票等进行保管，因此需要具有一定的安全意识。
5	具备良好的职业道德修养，洁身自好，以身作则。
6	因为很多工作需要和会计配合，因此需要具备团队意识。

图 7-3　出纳人员的自我要求

7.1.3　出纳工作职责明确

出纳的工作内容，主要是对现金进行处理，是对现金的哪些方面进行处理呢？

简单来说，可以从货币资金核算、往来结算、工资结算三个方面进行说明，具体内容如表 7-1 所示。

表 7-1 出纳人员工作职责

出纳工作的三个方面
一、货币资金核算
1. 保管库存现金，保管有价证券
2. 保管有关印章以及登记注销支票
3. 办理银行结算，规范使用支票，不得签发空头白支票、空头支票
4. 办理销售结算，复核收入凭证
5. 根据已经办理完毕的收付款凭证，逐笔登记现金日记账和银行存款日记账
6. 根据相关规定，办理现金收付
二、往来结算
1. 办理往来结算，建立清算制度
2. 核算其他往来款项，防止坏账损失
三、工资结算
1. 执行工资计划，监督工资使用
2. 明细核算工资相关信息，如工资总额领取对象，并根据相应的管理部门的要求，编制有关的工资总额报表
3. 审核工资单据，发放工资奖金，如应付职工福利费

由于出纳的工作每天都将与钱打交道，因此在对现金处理时要注意，如果进行现金收付，那么一定要当面点清有关金额，并注意票面的真伪，而且在点算清楚的基础上，一定要在原单据上加盖"现金付讫章"，如果出现金额差错由出纳负责。

同时，一定要注意将每日收到的现金送交银行，不得"坐支"，同时还要做好每日的日常的现金盘存工作，做到账实相符。一般在下班以后，现金与等价物交还总经理处或存放于保险柜中。

7.1.4 出纳常见的工作差错

出纳人员常见的错误有哪些呢？当企业的记账凭证汇总表不平，总分类账不平，各明细分类账户的余额之和不等于总分类账有关账户的余额；银行存款账户调整后的余额与银行对账单不符等情况出现。

常见的错误有会计知识（会计原理、原则运用）错误、记账错误、计算错误，具体如图 7-4 所示。

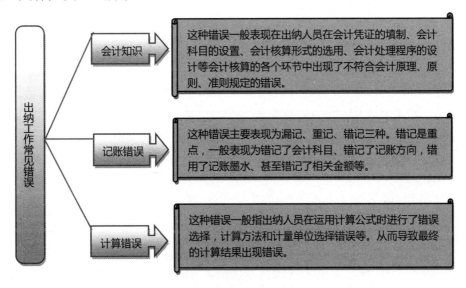

图 7-4　出纳工作常见错误

在实际工作中还会出现填写支票时字迹模糊，数字填写不符合规范，大写前留空，小写前没有注明，这样会存在一定隐患，如他人乘机改写相应的数字金额。

在编制相应凭证时，作为附件张数的原始单据多贴或少贴或者胶水不够牢固，从而导致记账凭证的填写错误。此外还存在领款、借款没有严格履行手续，领款时领款人没有签字盖章，或者他人代为认领，而借款时借款人没有立据或经分管财务领导审批。那么如何避免或者尽量减少这些错误呢？具体如图 7-5 所示。

> **支票、发票的保管**
>
> 领用支票要设立备查登记簿，经单位主管财务领导审签后，并由领用人签章。空白发票和收据不能随便外借。

图 7-5　如何减少出纳工作的错误

了解不合法的发票

抬头与本单位不符、大小写金额不符、无收款单位章或收款人章、发票与支票入账方不符等，这些发票都不能接受。

交款与签字盖章的顺序

收款单据先交款、后盖章；付款单据要盖付讫章；报销单位需要先签字、后付款。

面点金额

当出纳人员收付现金时要与当事人面对面点清相应的金额，最好与第三人核对后再进行收付进账。

代领款项时

当付款时，如果领款人不出现，而由他人代领，单据如由他人代领，如果不是本单位的职工，要注明与被带领人关系，并签代领人的名字。

登记日记账时

当出纳人员登记银行存款日记和现金日记账，要首先复核凭证、支票存根、附件等是否一致，然后再逐笔的按顺序登记。

正确使用支票印鉴

支票上的印鉴，应即用即盖，而印鉴的私人印章，只能用于盖印支票，而不能作为其他任何用途。

图 7-5　如何减少出纳工作的错误（续）

7.2　出纳人员凭证、账簿轻松处理

我们知道，出纳人员的工作主要是围绕货币资金展开，货币资金的变动是离不开凭证及账簿的处理的，那么如何才能对凭证及账簿进行轻松处理，是每个出纳人员需要思考的问题。

7.2.1 小票的认识与保管

小票就是我们常说的、可以作为原始凭证的各种票据，一般是各种外来的原始凭证，作为出纳人员首先需要对于该类小票进行审核，看是否符合原始凭证的条件，符合条件就需要进行保管。

并不是所有的小票都能作为原始凭证进行入账，比如超市的一些小票就不能入账，如图 7-6 所示。只有换成图 7-7 所示的发票才能登记入账。

图 7-6 超市购物小票　　　　　　　图 7-7 购物发票

一般来说，只有印章上有"财政部监制"、"地方税局监制"、"国家税局监制"的发票才能作为原始凭证入账，而没有这几个部门监制的票据都不能称之为发票，更不能入账。

除了此类小票，出纳人员还应该知道什么是一大票四小票，一大票是指增值税专用发票，四小票则是海关完税凭证、运输发票、废旧物资发票和农产品收购凭证（含农业生产者开具的普通发票），由于这四种凭证是增值税专用发票以外可以用于增值税抵扣的凭证，所以称之为"四小票"。

抵扣的税率不同，如海关完税凭证按 17%或 13%的税率抵扣；运费发票按 7%抵扣；废旧物资发票 2009 年 1 月 1 日以前开具的按 17%抵扣，以后开具的废旧物资专用发票，不再作为增值税扣税凭证。农产品收购凭证按 13%抵扣。增值税专用发票如图 7-8 所示。

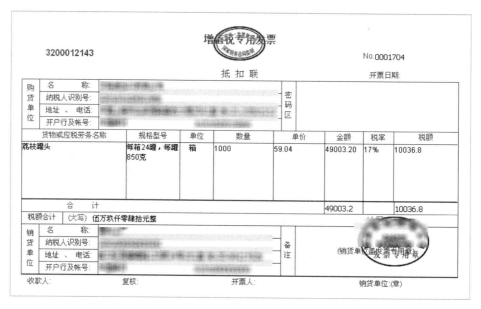

图 7-8 增值税专用发票

小票中的运输发票，如图 7-9 所示。

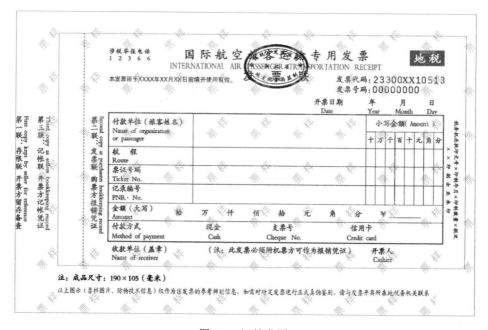

图 7-9 运输发票

上述的小票作为原始凭证后，需要分类整理后粘贴在相应的记账凭证后，不得随意丢弃。

7.2.2 如何填写支票

对于出纳人员来说，除了办理日常的现金收付及记录相关账目，还会进行另一项工作，就是对票据进行填写，如填写支票和汇票。那么该如何准确、完整地填写两类票据呢？

首先来认识现金支票，如图 7-10 所示。

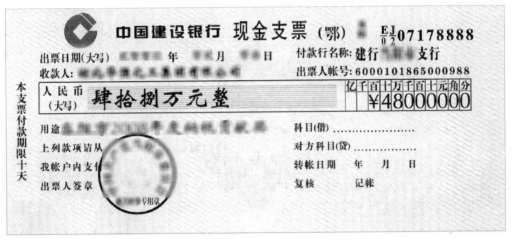

图 7-10　现金支票

在图 7-10 中，首先应该填写"出票日期"，要注意出票日期数字必须大写，大写数字写法：零、壹、贰、叁、肆、伍、陆、柒、捌、玖、拾。

其次是付款行名称：为本单位开户银行名称及银行账号，如图所示为建行××支行。

再次是"人民币大写"，如图所示肆拾捌万元整，在对应栏，填写货币符号记忆小写数字。注意一定不要忘记填写"￥"的货币符号。

然后是对于支票的用途进行填写，现金支票有一定限制，一般填写"备用金"、"差旅费"、"工资"、"劳务费"等。

最后需要进行签字盖章，支票的正面盖财务专用章和法人章，两者缺一不可，而且印章的印泥为红色，印章必须清晰，印章模糊的只能将本张支票作废，出纳人员需要换一张重新填写。

7.2.3 填写出纳现金日报表

现金的变动除了如现金日记账、银行存款日记账等账簿，对于管理者来说，可能更容易看懂现金日报表，它与现金日记账类似，但是更容易更简单。出纳现金日报表如表 7-2 所示。

表 7-2　出纳现金日报表

出纳现金日报表				
日期：2015 年 4 月 20 日				单位：元
项目		金额		备注
		本日	本月累计	本年累计	

项目		本日	本月累计	本年累计	备注
本日收入	营业款	50 000.00	50 000.00	50 000.00	
	个人还款	800.00	800.00	800.00	
	保证金收入	–	–	–	
	取款	45 000.00	45 000.00	45 000.00	
	其他收入	500.00	500.00	500.00	
	本日收入合计	96 300.00	96 300.00	96 300.00	
本日支出	费用报销	200.00	200.00	200.00	
	个人借款	–	–	–	
	存款	40 000.00	40 000.00	40 000.00	
	退还保证金	30 000.00	30 000.00	30 000.00	
	其他支出	–	–	–	
	本日支出合计	70 200.00	70 200.00	70 200.00	
昨日现金余额：					48 765.00
本日现金余额：					74 865.00

　　我们知道，该公司的主要现金收入=营业款+个人还款+保证金收入+取款+其他收入=96 300 元，而现金支出=费用报销+个人借款+存款+退还保证金+其他支出=70 200 元。而昨日的现金金额+（本日的现金收入-本日现金支出）=本日现金金额。

7.2.4 简单填写出纳报告单

出纳人员在记账以后，应根据现金日记账、银行存款日记账、有价证券明细账、银行对账单等资料，定期编制"出纳报告单"报告本单位一定时期现金、银行存款、有价证券的收、支、存情况，并与总账会计一起进行期末余额的核对。

出纳报告单如图 7-11 所示。

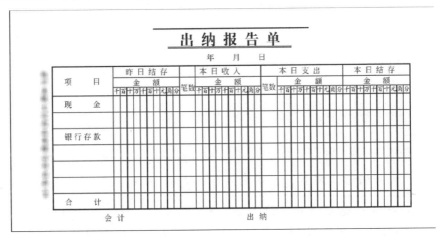

图 7-11 出纳报告单

在出纳报告单中，出纳人员需要对于现金和银行存款的昨日结存、本日收入、本日支出、本日结存等进行填写。

在填写出纳报告单时，要注意以下几点。

- 出纳报告单的报告期可与本单位总账会计汇总记账的周期相一致，如果本单位总账 10 天汇总一次，则出纳报告单 10 天编制一次。

- 昨日结存数，是指报告期前一天现金或银行存款的结存数，即本期报告期前一天的账面结存金额，也是前一日出纳报告单的"本日结存"。

- 本日收入按账面本日的合计借方数字填列。

- 本日支出按账面本日合计贷方数字填列。

- 合计是库存现金和银行存款合计数字。

- 本日结存=是昨日结存+本日收入-本日支出。

7.3 出纳工作中常会遇到的问题

在出纳的日常工作中将遇到一些问题，如差旅费用如何登记报销？对公账户如何转入对私账户。

下面，我们就来一一解决这些问题。

7.3.1 现金用于支付工资后，如何做账

员工工资的发放，一般会存在发放现金的状况，针对这种情况，出纳人员在发放工资以后，一定要及时地登记入账，并且保证做账的合理合法，下面以案例的形式说明。

【现金支付工资小问题】

李女士是 A 公司的实习出纳人员，公司因为人员较少，所以老板决定大家的工资都以现金的形式发放，公司规定在每月的 10 日准时发放工资。

在 4 月 10 日，老板直接给李女士 2.5 万元现金，让她加上昨日剩余的现金 5 000 元，给员工发放工资，发完之后剩余 3 000 元，现在问题来了。

一、李女士不知道工资总额的 2.7 万元及剩余的 3 000 元该如何登记现金日记账，如何填写相应的摘要。

二、李女士觉得老板的做法不合法，他不仅发放工资直接提现，而且平时工作中老板也总是直接给她现金，她很少取备用金，对于那些现金，她也不知道该如何处理。

对于李女士的问题，首先，我们要知道李女士老板的做法不合理也不合法，他要遵守相应的会计法律法规，建立健全的现金规范制度，李女士要做到以下几点：

- 对于老板交来的现金，在无法确知来源的情况下，可以在凭证的摘要栏写成老板交来营业款或备用金。

- 明确出纳职责，对于任何一笔现金都要做明确的借/贷记录。

- 对于收到的现金，在现金日记账三栏式账本中摘要栏写清楚来源，并在对应的收入栏里写上实际收到的现金数额，如图 7-12 所示。

● 对于支出的现金，在现金日记账三栏式账本中摘要栏写清楚用途，并在对应的支出栏里写上实际支出的现金数额，如图 7-12 所示。

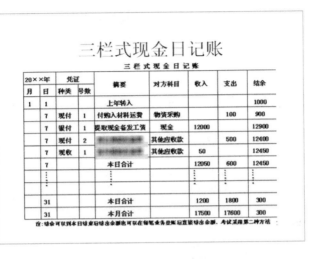

图 7-12　登记现金日记账

在登记账簿时要注意，在账簿上填写相关信息如下。

当收到老板现金 2.5 万元时，应在账簿上填写如下相关信息：

1．摘要：收到老板借入备用金

2．借：库存现金　　　　　　　　　　　　30 000

　　　贷：其他应付款——老板　　　　　　　30 000

对于出现的数字 30 000 元，是将老板提现的 25 000 元与库存的 5 000 元进行相加，从而构成总额 30 000 元。

当最终发放工资时，应在账簿上填写如下相关信息：

1．摘要：发放工资

2．借：应付工资　　　　　　　　　　　　27 000

　　　贷：库存现金　　　　　　　　　　　　27 000

此时，我们就可以发现，李女士可以将剩余的现金 3 000 元登记在相应的现金日记账上。

7.3.2　差旅费用如何登记报销

对于公司来说，不管规模的大小，都会出现出差的情况，不管是老板还是小职员，出差所发生可报销的费用，简称差旅费用。

如何对差旅费用进行报销不仅是员工应该知道的问题，出纳人员更应该知道。

首先要知道哪些差旅费用可以报销，具体如图 7-13 所示。

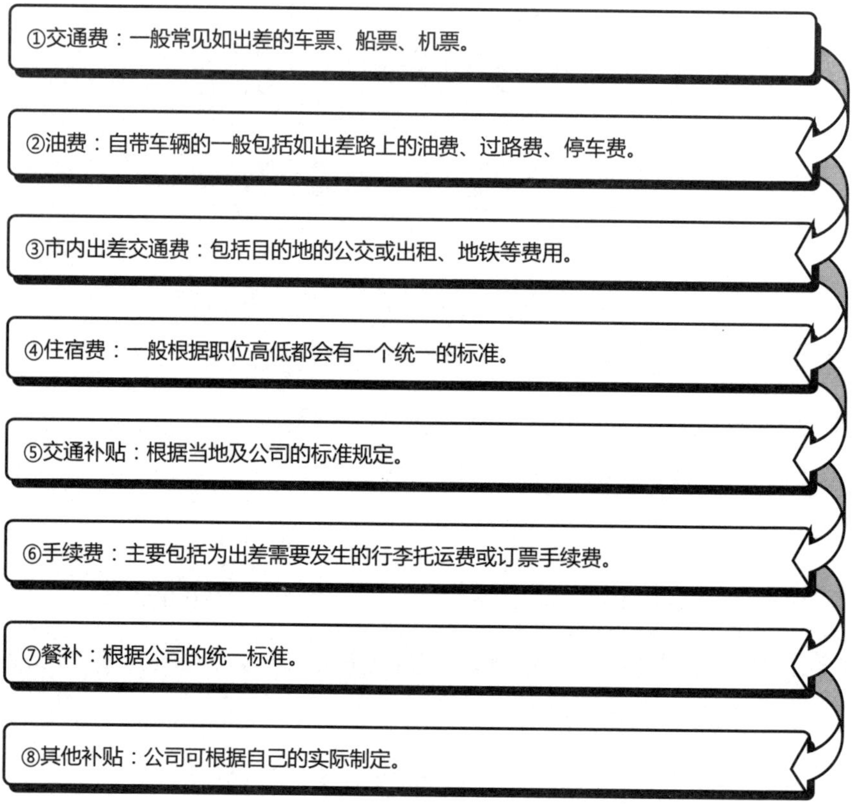

①交通费：一般常见如出差的车票、船票、机票。

②油费：自带车辆的一般包括如出差路上的油费、过路费、停车费。

③市内出差交通费：包括目的地的公交或出租、地铁等费用。

④住宿费：一般根据职位高低都会有一个统一的标准。

⑤交通补贴：根据当地及公司的标准规定。

⑥手续费：主要包括为出差需要发生的行李托运费或订票手续费。

⑦餐补：根据公司的统一标准。

⑧其他补贴：公司可根据自己的实际制定。

图 7-13　差旅费用具体内容

在员工申请差旅费用时一定要注意，差旅费必须在各部门预算总额内控制开支，一旦超过预算就不能再开支。同时员工出差必须事前提出书面申请，填制相应的出差申请单，还需要经其直属上级批准。凡未得事先批准的，一律不予报销。

在员工的出差途中，如果因为工作或者谈判的需要，需要临时增加新的出差地点，员工需要经出差签批人书面或者邮件确认后，其增加的行程作为另一次出差时间，与原出差在时间上不重复。

出差人员出差前必须事先填写"出差申请单"，如表 7-3 所示。表上应注明出差地点、事由、天数、所需资金，经部门负责人签署意见、分管领导批准后方可出差。

图 7-3　出差申请单

出差申请单								
出差人	部门		职务		代理人	部门		代理人	
	姓名					职务		签字	
出差事由									
日期	自　年　月　日　时起至　年　月　日　时止，共计　天								
地点									
预支旅费	万　　　仟　　　佰　　　拾　　　元整								
备注									
部门领导意见	年　月　日			总经理意见		年　月　日			
实际出差日期	由考勤人员根据出差员工的往返车（机）票填写								
	自　年　月　日　时起至　年　月　日　时止，共计　天								
	考勤人员确认：　日期：年　月　日								
申请日期	年　月　日								

备注：

1. 本表适用范围：公司员工外地出差均应填写

2. 本表填比后，原件复印件分存于人事部、本工作部门

3. 出差员工应于返回当日到前台核对出差日期

需要注意的是，在争取领导意见时，一般员工省内出差由副总经理审批，省外出差须经总经理批准；部门经理和公司副总经理出差，均需总经理批准。

出差人员借款需持批准后的"出差申请单"，填写相应的"借支单"，由主管领导批准后，经财务负责人审核，总经理审批后方可借款。具体的借支单如表 7-4 所示。

表7-4　借支单

借支单											
									年　月　日		
工作部门		职务				姓名			盖章		
借支金额		仟　佰　拾　万　仟　佰　拾　元　角　分￥:									
借款原因						附证件					
还款日期						批核					
主管:		会计:			出纳:			制单:			

借款时，员工和老板都应注意差旅费报销的标准，做到合理借款，那么差旅费的报销标准有哪些呢？

我们以某公司制定的差旅费报销标准为例进行介绍。

【某公司制定的差旅费报销标准】

张先生是成都一家私营企业的业务人员，从2015年的4月10日起至2015年的4月20日，需要出差到深圳，而在出差之前，他需要申请相应的借款，而出纳人员要求他先看懂公司的差旅费报销标准，具体如下：

关于交通费的标准，如表7-5所示。

表7-5　交通费报销标准

省外交通费报销标准					
					单位：元
工具　　人员	飞机	火车	轮船	长途汽车	出租车
总经理	普通舱	软卧软座	二等舱	实报	实报
经 理	预申请	硬卧硬座	三等舱	可乘	实报
其他人员	——	硬卧硬座	三等舱	可乘	预申请

其中还特别规定，如果乘坐其他交通工具，超出上述标准的部分由个人承担；搭乘公司的交通工具者，不得再报支交通费，因急要公务必需搭乘飞机者应事先报准并凭飞机票根报支旅费。

如果员工出差在市内，那么报销标准则不同，如表7-6所示。

表7-6　交通费报销标准

市内交通费报销标准				
				单位：元
地区 人员	特区	直辖市	省会城市	省辖市	县级市及以下
总经理	实报实销（含副总经理）				
经 理	20	15	10	10	5
其他人员	20	15	10	10	5

除了交通费之外，还有伙食费补助标准，如表7-7所示。

表7-7　伙食费报销标准

伙食费费报销标准				
				单位：元
地区 人员	特区	直辖市	省会城市	省辖市	县级市及以下
总经理	实报实销（含副总经理）				
经 理	60	40	40	40	30
其他人员	60	40	40	40	30

最后，是关于住宿费的报销标准，如表7-8所示。

表7-8　住宿费的报销标准

伙食费费报销标准				
				单位：元
地区 人员	特区	直辖市	省会城市	省辖市	县级市及以下
总经理	实报实销（含副总经理）				
经 理	180	130	120	100	80
其他人员	150	110	100	80	60

除此之外，公司还规定了根据级别的不同，会对于员工的通信费用有不同的补贴，如一般为5元/日~10元/日。

不同的公司差旅费的报销标准会有一定的浮动标准，如我国今年对于政府人员出差补助的调整。

在了解了相应的差旅费报销标准，接下来就是对报销程序的认识，如图 7-14 所示。

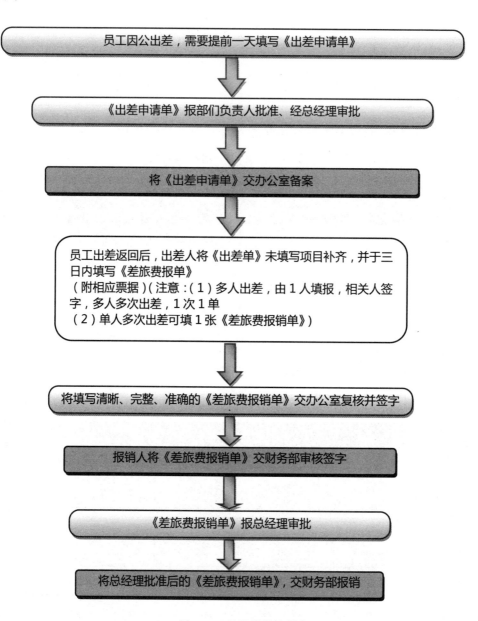

员工因公出差，需要提前一天填写《出差申请单》

《出差申请单》报部们负责人批准、经总经理审批

将《出差申请单》交办公室备案

员工出差返回后，出差人将《出差单》未填写项目补齐，并于三日内填写《差旅费报单》
（附相应票据）（注意：（1）多人出差，由 1 人填报，相关人签字，多人多次出差，1 次 1 单
（2）单人多次出差可填 1 张《差旅费报销单》）

将填写清晰、完整、准确的《差旅费报销单》交办公室复核并签字

报销人将《差旅费报销单》交财务部审核签字

《差旅费报销单》报总经理审批

将总经理批准后的《差旅费报销单》，交财务部报销

图 7-14　差旅费报销程序

7.3.3　对公账户转入对私账户如何记账

对于一些中小型企业来说，可能会有对公账户转入私人账户的情形，出纳人员在转款时，一定要注意满足一定的条件才可以转款。

根据相关的规定，当对公账户向个人的私人账户转款时，如果金额在5万元以上，需要提供一定的付款依据，如代发工资协议和收款人清单、奖励证明、各类金融公司退还给自然人款项的证明、借款合同、保险公司的证明、农、副、矿产品购销合同等。

如果没有上述依据，或者转账情形不在上述所说的范围，一般来说是不合法的，银行和公司都将面临处罚的风险。如果对公账户向个人转款频繁，将在一定程度上影响企业的内部控制。因此对公账户向私人账户转款要谨慎。

如果转账合法，那么就需要做一定的账务处理，下面将以案例的形式进行介绍。

【对公账户转入对私账户的记账】

汪女士是一家私营企业的出纳人员，公司规模在50人以下，公司主营业务是会议营销，公司在成立之初就开立了对公账户，并同时开立了网上银行，公司在管理方面存在一定的缺陷。

比如，对公账户上收到客户的转账提醒，那么老板就会将该资金转账到他个人的银行账户上，最后老板告诉汪女士在记账时用途写明为差旅费，同时老板也将日常的一些如停车票、餐票，加油票等作为报销的依据。

汪女士在一次老板进行对公到对私的转账5万元以后，在收到银行回单以后，就做了如下的会计分录：

借：其他应收款　　　　　　50 000.00

　贷：银行存款　　　　　　　　　　　50 000.00

而当老板要求报销差旅费2000元时，做了如下的账务处理。

借：销售费用——差旅费　　　2 000.00

　贷：其他应收款　　　　　　　　　　2 000.00

上述案例，该公司的账务处理不合理也不合法，如老板将对公账户的金额转入私人账户，出纳汪女士此时应该在日记账上做的账务处理是：

借：应收收款　　　　　　　　58 500.00

　　贷：主营业务收入　　　　　　　　　　50 000.00

　　　　应交税金-增值税-销项税　　　　　　8 500.00

收到银行回单时，应在日记账上记录：

借：银行存款　　　　　　　　58 500.00

　　贷：应收账款　　　　　　　　　　　　58 500.00

老板报销的差旅费也需要遵守报销标准，一般会存在借支的多余金额退回报销或者借支的金额补足报销，两者的账务处理也存在不同。

1. 如老板借支 2 000 元，将剩余的 200 元退回，则汪女士需要做出账务处理如下：

借：管理费用　　　　　　　　1 800.00

　　库存现金　　　　　　　　　200.00

　　贷：其他应收款——老板　　　　　　　2 000.00

2. 如老板借支 2 000 元，需要再报销 200 元，则汪女士需要做出账务处理如下：

借：管理费用　　　　　　　　2 200.00

　　贷：其他应收款——老板　　　　　　　2 000.00

　　　　库存现金　　　　　　　　　　　　200.00

总之，对于公司账户的钱，如没有特殊的约定，就是公司的钱，私人账户的钱，如没特别的约定，那就是私人的钱，如果两者之间进行走账，如公司章程有规定按规定，没规定最好经董事会或者股东会决定，不得随意转账。

7.4　练就出纳工作小技能

无论是会计还是出纳，日常工作都非常琐碎，不仅要求我们严谨细致，业务处理上不得出现半点差错。对于这样的工作，工作一天下来往往使人身心疲惫。那么有没有什么办法能缓解这种疲惫呢？

其实，在财务工作中存在着许多小技巧，能够让财务工作变得轻松起来。下面介绍几个出纳工作小技巧，与大家一起分享。

7.4.1　轻松点钞

由于出纳人员整天都是与金钱打交道，因此难免会需要对一定金额的钞票进行点算，又称为点钞，点钞方法主要有手工点钞和机器点钞两种。在企业中一般经常使用的主要还是手工点钞方法。

常见的手工点钞方法有：手持式单指单张点钞法、扇面式点钞法、手持式单指多张点钞法、手持式四指拨动点钞法、手持式五指拨动点钞法、手按式单张点钞法、手按式双张点钞法等。其中手持式单指单张点钞法是最常用的点钞方法之一，而扇面式点钞法则是手工点钞中效率最高的一种。

首先，需要掌握的是手持式单指单张点钞法，用一个手指一次点一张的方法称为单指单张点钞法。这种点钞方法的优点是：由于持票面小，能看到票面的 3/4，容易发现假钞票及残破票；缺点是：点一张记一个，比较费力。

单指单张点钞法的具体操作，可如图 7-15 所示。

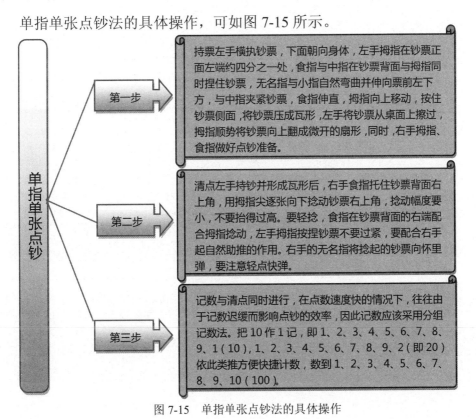

图 7-15　单指单张点钞法的具体操作

单指单张点钞法具体如图 7-16 所示，除了该点钞方法，还需要对另一种手工点钞中效率最高的扇面式点钞法进行了解，如图 7-17 所示。

图 7-16　单指单张点钞法

图 7-17　扇面式点钞法

把钞票捻成扇面状进行清点的方法称为扇面式点钞法，只适用于清点新票币，不适用于清点新、旧、破混合钞票。具体操作如图 7-18 所示。

1　第一步
持钞票竖拿，左手拇指在票前下部中间票面约 1/4 处。食指、中指在票后同拇指一起捏住钞票，无名指和小指拳向手心。右手拇指在左手拇指的上端，用虎口从右侧卡住钞票成瓦形，食指、中指、无名指、小指均横在钞票背面，做开扇准备。

2　第二步
开扇是扇面点钞的一个重要环节，扇面要开的均匀，为点数打好基础，做好准备。其方法是：以左手为轴，右手食指将钞票向胸前左下方压弯，然后再猛向右方闪动，同时右手拇指在票前向左上方推动钞票，食指、中指在票后面用力向右捻动，左手指在钞票原位置向逆时针方向画弧捻动，食指、中指在票后面用力向左上方捻动，右手手指逐步向下移动，至右下角时即可将钞票推成扇面形。如有不均匀地方，可双手持钞抖动，使其均匀。打扇面时，左右两手一定要配合协调，不要将钞票捏得过紧。

3　第三步
点数左手持扇面，右手中指、无名指、小指托住钞票背面，拇指在钞票右上角 1 厘米处，一次按下 5 张或 10 张；按下后用食指压住，拇指继续向前按第二次，依此类推，同时左手应随右手点数速度向内转动扇面，以迎合右手按动，直到点完 100 张为止，紧接着进入下一步骤。

图 7-18　扇面式点钞法

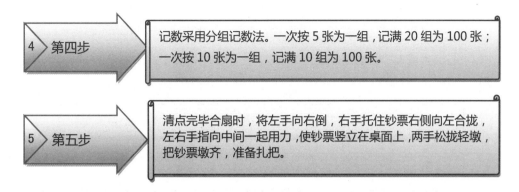

图 7-18　扇面式点钞法（续）

7.4.2　人民币真假辨别

对于出纳人员来说，每天都将有金钱从手中过，不管是存入银行还是转入保险柜。辨别真假的人民币就显得相当重要。

如何辨别人民币的真假呢？我们总不能一张百元大钞也拿去机器里过一遍吧？作为出纳人员必须具备识别人民币真假的能力。直观辨别人民币真伪的方法，总的来说，可归纳为"一看、二摸、三听、四测"，如图 7-19 所示。

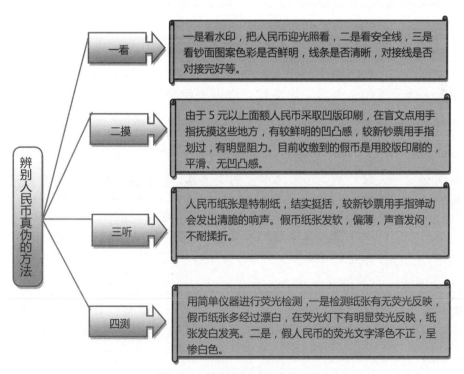

图 7-19　辨别人民币真伪的方法

可不可以将这些方法应用到具体的钞票上呢？答案是肯定的。

首先，来看如何辨别真假 100 元。可以从以下六个方面去辨别，如图 7-20 所示。

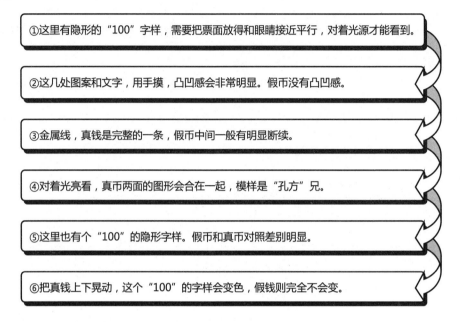

①这里有隐形的"100"字样，需要把票面放得和眼睛接近平行，对着光源才能看到。

②这几处图案和文字，用手摸，凸凹感会非常明显。假币没有凸凹感。

③金属线，真钱是完整的一条，假币中间一般有明显断续。

④对着光亮看，真币两面的图形会合在一起，模样是"孔方"兄。

⑤这里也有个"100"的隐形字样。假币和真币对照差别明显。

⑥把真钱上下晃动，这个"100"的字样会变色，假钱则完全不会变。

图 7-20　辨别真假 100 元的六个方法

除了上述所说的辨别 100 元真假的方法，民间还存在其他的一些说法，如将 100 元去墙上摩擦，查看是否变样，变样为假币。

相对于 100 元的真假辨别，50 元的真假辨别相对简单。

辨别真假 50 元主要注意两点：一是真币上位于正面左侧空白处，迎光透视，可以看到与主景人像相同、立体感很强的头像水印。而假币水印的头像不完整，和国徽的倒影也不贴近。

二是真币中的安全线，可以看到缩微文字"RMB50"字样，而假币完全无安全线。

20 元真假辨别也相当重要。20 元真币从纸张上来说，都是特制的，弹、折叠时都能发出清脆的声音，假币声音不同；从图案上来说，真币图案清晰，而且用手触摸有明显的凹凸感，但假币图案模糊，色彩偏重，更无凹凸感。

从安全线上来说，真币的安全线在钞票纸中间，明暗相间，假币的安全线则是从正面加印上去的，位置有偏差；从数字和荧光纤维丝来说，真币无数字的重叠现象，具有荧光纤维丝，背面的桂林山水具有绿色的荧光。

7.4.3 现金丢失怎么办

对于出纳人员来说，可能会存在保管的公司现金丢失的情况，不管金额大小，一旦现金丢失，那么账务该如何处理呢？看下面一个例子。

【出纳丢失现金怎么办】

张女士是一家私营企业的出纳人员，公司规模在 50 人以下，公司主营业务是会议营销，在 2015 年 4 月 10 日，张女士发现自己丢失了单位现金 1 500 元，单位要求张女士赔偿 1 000 元，从她当月的工资中扣除，而剩余的 500 元，单位承担。

那么出纳人员在登记日记账时，就需要做如下的账务处理。

1. 借：待处理财产损溢——流动资产损溢　　　　　　　1 500

　 贷:库存现金　　　　　　　　　　　　　　　　　1 500

2. 借：其他应收款——出纳 1 000

　　 贷：待处理财产损溢——流动资产损溢 1 000

3. 借：库存现金　　　　　　　1 000

　　 贷：其他应收款——出纳 1 000

4. 借：营业外支出 500

　　 贷：待处理财产损溢——流动资产损溢 500

5. 借：应付工资　　　　　　　1 000

　　 贷：其他应收款　　　　　　　　1 000

由上例可知，出纳丢失现金不仅对单位是损失，对于出纳本身来说也是一种损失，而且出纳还要承担大部分责任，所以出纳在日常的现金保管中，一定要注意谨慎再谨慎。

7.4.4 如何运用 Excel 处理相关账务

即使作为文员，或者管理者也要求有使用办公软件的能力，其中，包括能熟练地使用 Excel，那么出纳人员可以运用 Excel 来处理什么呢？

通过 Excel，出纳人员可以制作出纳报告单，如图 7-21 所示。

图 7-21　制作出纳报告单

除此之外，还可以制作出差申请单与差旅费用报销单，分别如图 7-22 和图 7-23 所示。

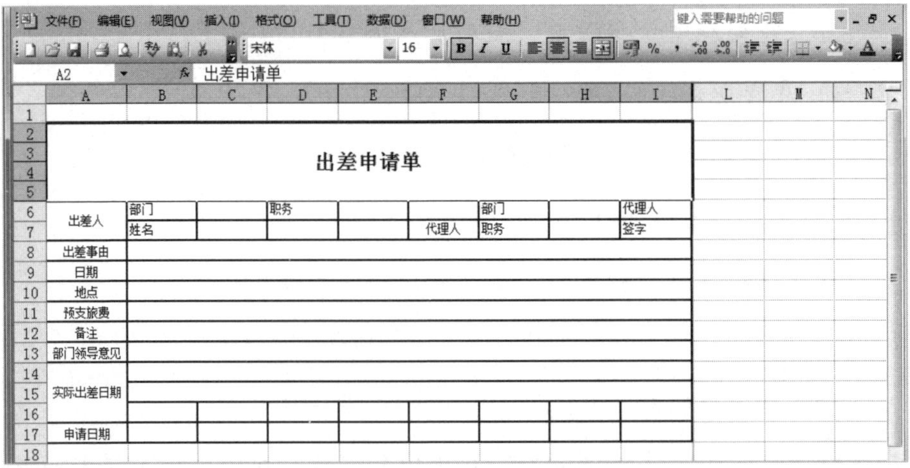

图 7-22　制作出差申请单

图 7-23　制作差旅费用报销单

谁向银行报到
——新公司出纳

我们知道，出纳最主要的工作是对企业的货币资金进行处理，如申请银行账户、提现、转账支票等，而这些事情都需要去银行完成，所以对于一个公司来说，最频繁的和银行打交道的是——出纳。

新公司申请银行账户
常见的对公业务
办理借贷
新公司如何申请银行汇票
如何填写银行汇票
什么是商业承兑汇票
银行本票与银行汇票的差别
怎么办理银行本票退款
真假银行本票如何区分
新公司如何领用支票
支票使用时需要注意的问题
转账支票如何登账
填写转账支票
开错支票怎么办
如何办理支票的保付和保退
去银行必须谨记的事

8.1 出纳业务简单掌握

对于出纳人员来说，除了日常在公司的工作，还需要定期定时向银行"报到"，如申请公司的基本账户、办理常见的对公业务、办理企业借贷等。具体的操作简单介绍如下。

8.1.1 新公司申请银行账户

新公司在进行财务操作之前都必须有自己的银行账户，而这个银行账户就是所谓的在银行开立对公存款账户，并且对公账户接受银行和相关部门的监管。

公司对公账户一般可以分为 4 类：基本账户、一般账户、临时账户、专用账户。要注意基本账户一个公司只能开一个。其他账户，一个公司可以根据业务需要开立多个，没有数量限制。

这 4 类的账户及账户数量，出纳人员需要在了解的基础上，选择性开户，4 类账户简单介绍如图 8-1 所示。

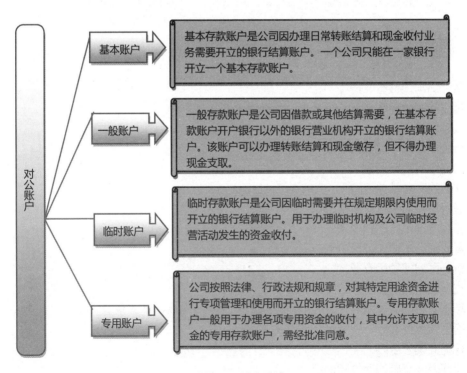

图 8-1 对公账户

出纳人员需要去银行开立如上的账户时，需要准备一定的资料，具体如图 8-2 所示。

①企业营业执照组织机构代码证正本原件及复印件一式两份。

②税务部门颁发的国、地税务登记证正本及复印件一式两份。

③法人及经办人的身份证件及复印件。

④组织机构代码证正本原件及复印件一式两份。

⑤非基本户开户，需要出具基本结算账户《开户许可证》正本及复印件一份。

图 8-2　开户需要的资料

资料准备完成，就进入开户的程序，具体如图 8-3 所示。

①向银行提交相应的证件，接受银行检验。

②如实填写《开立单位银行结算账户申请书》，并加盖公章。

③公司与开户行签订人民币单位银行结算账户管理协议，公司与开户行各执一份。

④填写关联企业登记表。

⑤经过人民银行核准并核发《开户许可证》后，开户行会将《开户许可证》正本及密码、《开户申请书》公司留存联交与公司签收。

图 8-3　开户的程序

在开户的过程中，公司需要缴纳一定的费用，一般公司需要缴纳 200 元。如果公司根据银行的要求提供相应的资料，并填写完整以后，经过开户银行及人民银行核实无误后，一般一个月就可以领取开户许可证。

8.1.2 常见的对公业务

当公司已经拥有了自己的对公账户，在日常的财务处理中就需要进行一些对公业务，常见的对公业务有哪些呢？

对公业务常见的如企业电子银行、单位存款业务、信贷业务、机构业务、国际业务、委托性住房金融、资金清算、中间业务、资产推介、基金托管等，简单理解就是银行对单位的业务。

我们知道，在银行内部最基本的部门就是储蓄（对私）、会计（对公）和信贷。其中储蓄主要办理的一些私人业务，如个人的开户、取款、转账等，而公司与银行发生的所有业务往来则都是通过会计部门实现。其中的信贷主要就是办理公司的存款和贷款业务。

作为出纳人员，常常遇见的对公业务可简单归纳为几点。

- **贷款业务**：包括短期贷款、长期贷款、融资贷款等。其中短期贷款里主要包括如流动资金贷款、流动资金循环贷款、法人账户透支，而长期贷款则如房地产开发贷款，融资贷款一般少见，如信用证等。

- **债券业务**：主要表现在通过银行发行如公司债、企业债、金融债等。

- **票据业务**：主要表现在票据的承兑、贴现，以及在银行办理汇票、本票、支票、汇款结算业务。

- **信用卡业务**：是指申请公司的信用卡。

- **担保业务**：表现在为其他公司进行担保业务。

- **承诺业务**：包括如客户授信额度、项目贷款承诺、开立信贷证明等业务。

- **理财业务**：是指如同私人账户一样，银行提供的各种投资理财业务，便于对公司账户中的闲置资金进行打理。

- **电子银行业务**：在账户开立时，银行会询问公司是否同意开立该业务，该种业务一般用于一些小公司中，企业有需要对于对公账户向私人账户的转账需求。

上述的对公业务，出纳经常接触的就是票据业务，需要对各类票据进行处理及定期的提现。

8.1.3 办理借贷

企业为了扩大生产规模的需要，而企业的自有资金又缺乏时，公司就需要向银行进行借贷，那么公司向银行申请贷款有什么条件及有什么流程呢？

首先，我们来看公司申请贷款需要满足的条件，具体如图8-4所示。

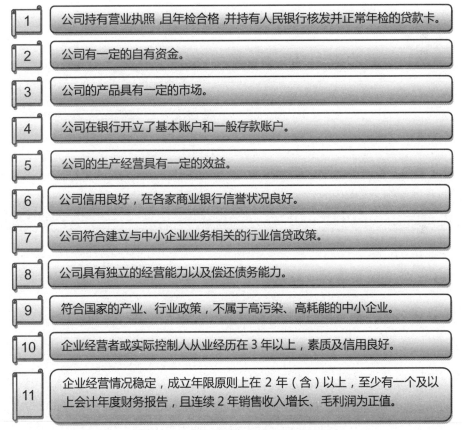

图 8-4 公司申请贷款需要满足的条件

从图 8-4 中看出，对于公司的借贷，银行是具有严格的要求，在要求达到的基础上，才能实现借贷。

对于新公司来说，在成立之初办理借贷是具有一定的难度的，一般至少需要经历一个会计年度，让银行看到企业的经营能力及偿债能力。

公司满足相应的借贷条件后，就可以申请借贷，具体程序如图 8-5 所示，一般需要经历贷款申请、银行审批、签订借款合同三个步骤。

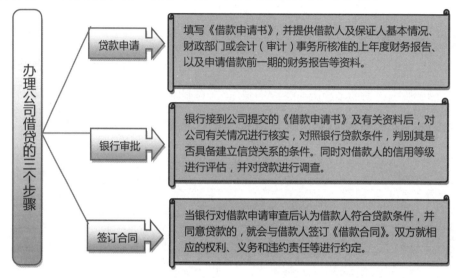

办理公司借贷的三个步骤

贷款申请 ▷ 填写《借款申请书》，并提供借款人及保证人基本情况、财政部门或会计（审计）事务所核准的上年度财务报告、以及申请借款前一期的财务报告等资料。

银行审批 ▷ 银行接到公司提交的《借款申请书》及有关资料后，对公司有关情况进行核实，对照银行贷款条件，判别其是否具备建立信贷关系的条件。同时对借款人的信用等级进行评估，并对贷款进行调查。

签订合同 ▷ 当银行对借款申请审查后认为借款人符合贷款条件，并同意贷款的，就会与借款人签订《借款合同》。双方就相应的权利、义务和违约责任等进行约定。

图 8-5　办理公司借贷的三个步骤

8.2　银行汇票轻松办

作为出纳，除了每天的提现或者存款，还需要定期在银行办理汇票、本票、支票业务，那么什么是银行汇票，银行汇票如何轻松办理呢？

8.2.1　新公司如何申请银行汇票

银行汇票，简单理解为由出票银行签发的，在见票时按照实际结算金额无条件付给收款人或者持票人的票据。

例如，某地工商银行收到 A 公司送来的由本银行签发的，一张票面金额为 10 万元的银行汇票，银行无条件的支付了 10 万元给 A 公司。

一般来说，银行汇票的出票银行为银行汇票的付款人。多用来办理异地转账结算和支取现金，尤其在见票时，按照实际结算金额无条件支付给收款人或持票人。

新公司如何申请相应的银行汇票呢？

当公司需要通过银行汇票来办理相关的结算时，具体步骤如图 8-6 所示。

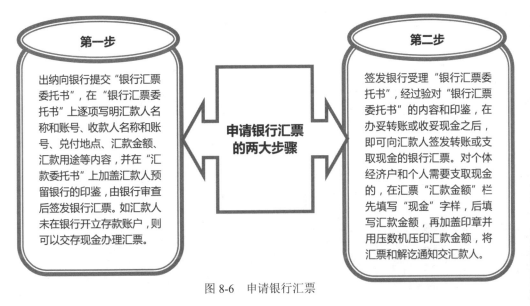

图 8-6　申请银行汇票

在这个过程中还需要注意以下三点，如图 8-7 所示。

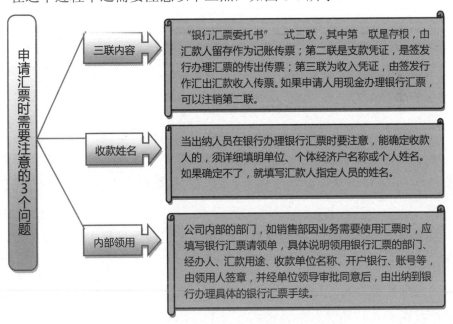

图 8-7　申请汇票时需要注意的 3 个问题

8.2.2   如何填写银行汇票

填写银行汇票首先要了解银行汇票是什么样的，银行汇票一式四联，第一联为卡片，为承兑行支付票款时作付出传票；第二联为银行汇票，与第三联解讫通知一并由汇款人自带，在兑付行兑付汇票后此联作为银行往来账付出传票；第三联为解讫通知，在兑付行兑付后随报单寄给签发行，由签发行作余款收入传票；第四联是多余款通知，并在签发行结清后交汇款人。

出纳人员需要填写的一般为第二联，如图 8-8 所示。以建行汇票为例。

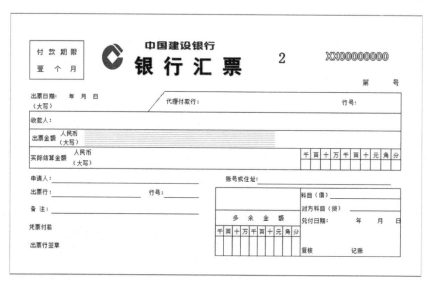

图 8-8   出纳人员填写的汇票

由图 8-8 可知，在银行汇票上必须记载如某银行"银行汇票"字样，付款期限、出票日期、付款人名称（图为代理付款行）收款人名称、确定的出票金额（大写）、出票行签章（汇票专用章、经办人员签名或盖章）、无条件支付的承诺。

以上事项为汇票必须记载的事项，汇票上未记载上述规定的事项之一，汇票无效。

出纳人员在填写时一定要注意两点：一是要记名，需要指定相应的收款人，除了指定的收款人，其他人无权领款。

二是要注意银行汇票的付款期为一个月。付款期是指从签发之日起到办理兑付之日止的时期。而这一个月，从签发日开始，不论月大月小，统一到下月对应日期止的一个月。如果到期日遇假日可以顺延。但是逾期的汇票，兑付银行将不予办理。

8.2.3 什么是商业承兑汇票

公司的汇票结算业务，除了银行汇票以外，公司与公司之间的业务结算还常用商业承兑汇票，那么什么是商业承兑汇票呢？

商业汇票是出票人签发的，委托付款人在指定日期无条件支付确定的金额给收款人或者持票人的票据。商业承兑汇票是由银行以外的付款人承兑。商业承兑汇票按交易双方约定，由销货企业或购货企业签发，但由购货企业承兑。

例如，A 公司签发一张 15 万元的商业承兑汇票用于支付 B 公司的货款，承兑时需要 A 公司在开户行的账户余额承兑而非银行承兑。如果余额不足则自己负责。

商业承兑汇票的特点如下。

● **付款期限**：商业承兑汇票的付款期限，最长不超过 6 个月。

● **提示付款期限**：自汇票到期日起 10 天。

● **贴现**：当持票人持有未到期的商业承兑汇票时，如果遇到急需资金的情况，可将汇票向银行申请贴现。

● **适用范围**：一般商业承兑汇票适用于同城或异地结算。

● **背书**：商业承兑汇票可以背书转让。

什么是背书

背书收款人以转让票据权利为目的在汇票上签章并做必要的记载所做的一种附属票据行为。简单理解就是持票人 A 将汇票转让给 B 的行为，不过需要在汇票上进行签字盖章并做必要记录。

对于公司来说，商业承兑汇票可以实现公司快速变现的需求；对于银行承兑汇票来说，手续更方便，而且从某种程度上可以有效降低手续费，但是并不是所有的公司都能申请商业承兑汇票贴现的，它需要满足一定的条件。

商业承兑汇票申请贴现需要满足一定的条件，如图 8-9 所示。

①申请人须是经国家工商行政管理机关或主管部门核准登记。

②在贴现行开立了银行存款账户。

③贴现的商业承兑汇票必须符合《票据法》。

④贴现申请人经济效益及资信情况良好。

⑤贴现申请人与出票人或直接前手之间有真实、合法的商品或劳务交易关系。

⑥银行要求满足的其他条件。

图 8-9　商业承兑汇票申请的条件

当企业满足相应的申请条件后，就需要准备申请材料，具体如图 8-10 所示。

①年检合格的营业执照、组织机构代码证、贷款卡原件。

②背书连续、样式完整且未到期的商业承兑汇票一份。

③交易双方签订的真实、合法的商品或劳务交易合同原件。

④与出票人之间的增值税发票原件。

⑤上年度或近期的财务报表。

⑥银行要求的其他资料。

图 8-10　商业承兑汇票申请材料

当资料准备齐全以后，就可以进入申请程序。首先，需要提交书面申请书，如《商业汇票贴现申请书》及其他相关材料。

然后银行审批，待审批通过后，办理商业汇票背书转让及填制贴现凭证。

最后，当公司背书转让后，银行在扣除贴现利息后将相应的资金划转到公司指定的存款账户，公司即可使用贴现所得款项。

贴现行为比较适用于企业急需的流动资金的情形。

商业承兑汇票必须记载的事项，如图8-11所示。

图8-11　商业承兑汇票必须记载的事项

在图8-11中的汇票上，必须记载以下几点。

● 表明"商业承兑汇票"的字样。

● 出票日期，注意要大写。

● 付款人相关信息，如全称、账号、开户银行

● 收款人相关信息，如全称、账号、开户银行

● 汇款的金额，注意大小写

● 出票人签章。

● 无条件支付的委托。

注意上述的任意一个记载事项缺少，商业汇票都宣告无效。

8.3 银行本票要区分

作为企业经济业务结算的三票之一，除了银行汇票外，还有银行本票与支票，在前面我们已经对于银行汇票有了基本的认识，下面就来看看什么是银行本票，它与银行汇票又有哪些不同，同时在出纳的日常工作中如何去区别真假银行本票。

8.3.1 银行本票与银行汇票的差别

银行本票，简单来说是申请人将款项交存银行，由银行签发的承诺自己在见票时无条件支付确定的金额给收款人或者持票人的票据。

银行本票按照其金额是否固定可分为定额和不定额，具体如图 8-12 所示。

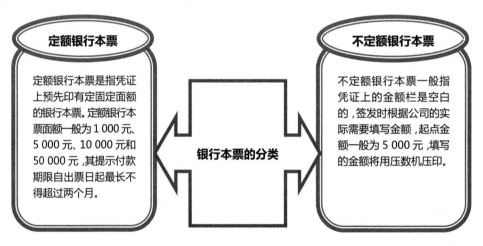

图 8-12　银行本票的分类

公司在使用银行本票时一定要注意，首先，它不仅可以用于转账，填明"现金"字样的银行本票，还可以用于支取现金。其次，银行本票同样可以背书转让，（填明"现金"字样的银行本票例外）；再次，银行本票的提示付款期限自出票日起两个月；然后，银行本票丧失，失票人可以凭人民法院出具的享有票据权利的证明，向出票银行请求付款或退款。最后，银行本票适用于同城的经济业务结算。

银行本票在使用之前需要先向银行申请。首先，向银行填写"银行本票申请书"，一般公司不得申请签发现金银行本票。其次，银行受理"银行本票申请书"后，款项收妥以后，签发银行本票；最后公司应将银行本票交付给本票上记明的收款人。

在银行本票上必须记载的事项，如图 8-13 所示。

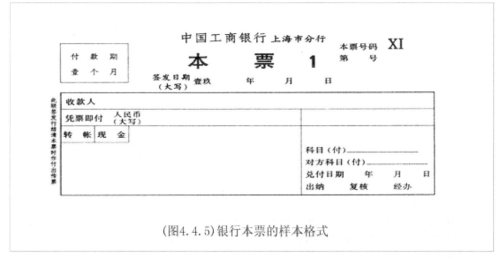

(图4.4.5)银行本票的样本格式

图 8-13　银行本票必须记载的事项

在银行本票上，必须记载以下几点。

● 表明"银行本票"的字样。

● 签发日期，注意要大写。

● 收款人相关信息，如公司名称、账号、开户银行。

● 无条件支付的委托。

● 付款的金额，注意大小写。

● 出票人签章。

● 其他相关信息，如科目、对方科目、兑付日期。

一旦欠缺记载上列事项之一的，银行本票宣告无效。

如果出纳人员收到的是对方公司发来的银行本票，一定要注意检查银行本票记载的事项。

● 必须记载的事项是否齐全。

- 出票人签章是否符合规定。

- 收款人是否确为本单位或本人。

- 银行本票是否在提示付款期限内。

- 该本票是否背书转让过，背书转让后的签章证明是否合法。

银行本票与银行汇票的不同如图 8-14 所示。

金额是否固定

一般银行本票的金额是固定的，而银行汇票的金额则不固定。

付款期限

银行本票的付款期限，自出票日起不得超过两个月，而汇票的付款期限则无此特别限制。

付款方式

一般规定银行本票仅限于见票即付，而汇票则可以划分为见票即付、定日付款、出票后定期付款、见票后不定期付款等方式。

付款责任

一般汇票的付款人如果不承兑时，没有任何票据责任，只有经承兑而成为承兑人后，才具有付款责任；本票的出票人一般为付款人，自出票之后具有付款责任。

是否需要承兑

银行本票一般无须承兑，汇票除见票即付的汇票外均可以或应当请求承兑；见票后定期付款的本票也无须承兑，而应当见票，见票后定期付款的汇票必须请求承兑。

背书责任

本票的背书人仅负付款的担保责任；汇票的背书人负有承兑和付款的担保责任。

图 8-14　银行本票与银行汇票的不同点

主债务人

本票为自付证券，出票人始终居于主债务人的地位，具有到期付款的义务，而汇票为委付证券，经过承兑后，主债务人为承兑人，出票人则居于从债务人的地位。

票据分类

根据我国现行《票据法》，本票仅指银行本票，而汇票则可以划分为银行汇票和商业汇票两种。

是否具有资金关系

本票为自付证券，一般都不需要有资金关系，而汇票为委付证券，所以一般都必须具有资金关系。

图 8-14　银行本票与银行汇票的不同点（续）

8.3.2　怎么办理银行本票的退款

银行本票见票即付，而且银行不予挂失。一旦遗失或被窃，被人冒领款项，后果由银行本票持有人自负。所以作为银行本票持有人的出纳必须像对待现金那样，认真、妥善保管银行本票，防止遗失或被窃。

如果银行的本票超过付款期限，那么我们都希望能办理银行本票的退款，但是此时办理退款需要满足一定的条件，如持票人为银行本票的收款单位或该银行本票由签发银行签发后未曾背书转让。

如果公司作为本票的付款单位，那么办理退款手续时要注意，首先，应填制一式两联进账单并连同银行本票一并送交签发银行；其次，签发银行审查同意后在第一联进账单上加盖"转讫"章退给付款单位作为收账通知。最后，公司根据银行退回的进账单第一联编制银行存款收款凭证，并编写相应的会计分录，而出纳人员则需要在日记账上登记处理为：

借：银行存款

　　贷：其他货币资金——银行本票

除了上述情形，还有一种需要办理退款的情形，如不定额银行本票遗失而且已经到了付款期限一个月，还未被认领，此时办理退款就需要向签发银行出具盖有单位公章的遗失银行本票的退款申请书，并连同填制好的一式两联进账单一并交予银行办理退款，并根据银行退回的进账单第一联编制银行存款收款凭证，出纳的账务处理与上同。

8.3.3　真假银行本票如何区分

银行本票与其他银行结算方式相比，银行本票结算使用方便。不管企业还是个人，不管是否在银行开户，只要在同城范围内进行了商品交易、劳务供应及其他款项的结算都可以使用银行本票。

同时还可以办理背书，信誉度高，支付能力较强。由银行签发，并于指定到期日由签发银行无条件支付，因为信誉度很高，因此不存在得不到正常支付的问题。

根据我国《票据法》对本票的定义，本票一般是指银行本票，不包括商业本票，更不包括个人本票。

与人民币一样，在实际工作中，对于其真假的辨别就显得特别重要，那么真假的银行本票如何区分呢？如图 8-15 所示。

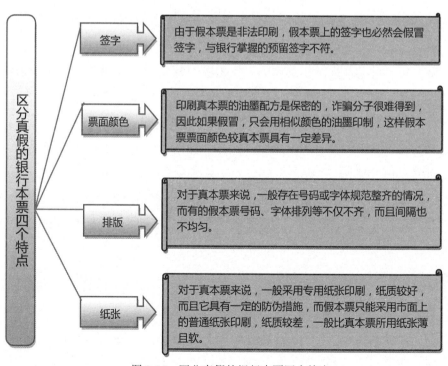

图 8-15　区分真假的银行本票四个特点

8.4 支票保管要小心

在出纳的日常工作中，填写支票、转账支票是一种常见的工作，那么新公司该如何领用并登记转账支票？开错支票怎么办等？本节将解决这些问题。

8.4.1 新公司如何领用支票

在领用支票之前，首先需要了解什么是支票。支票是一种特殊的汇票，它以银行为付款人的即期汇票，支票出票人签发的支票金额，不得超出其在付款人处的存款金额。

例如，当 A 公司向 B 公司以支票的形式支付货款时，付款金额 30 万元，超过其银行的存款金额 25 万元，此时银行将拒付，这样的支票称为空头支票，A 公司将要负法律上的责任。

支票可以分为现金支票、转账支票、普通支票。支票一经背书即可流通转让，运用支票进行货币结算，可以减少现金的流通量，同时减少相应的手续费。

新公司首先需要到当地银行申请开立银行存款基本账户，按当地银行的要求提供资料后，申请开户的银行会为你办理中国人民银行的"开户许可证"，账户开立完成后，即可申请领购支票，一般为 1 元一张。

一般来说，银行会备有相关的业务收费凭证，你只需在其凭证上加盖预留银行印鉴即可，在领取支票后填制一份现金支票到开户银行提现，此时需要注意以下两点。

● 只有开立了基本存款账户才可以取现，可以购买现金支票和转账支票，但是如果开立了一般存款账户就不能取现，只能购买转账支票。同时在购买支票时需要带上在银行所留的印章（财务章、人名章）还要带上购买支票专用证，在证上要贴上照片加盖单位公章。

● 在取现时要注意，部分银行对当天的提现上限有一定的限制，一般为50 000 元，超过这个限额将会全额按比例收取手续费，没特殊需要，一般当天提现不要超过 50 000 元，也就是一张现金支票最好不要填写超出 50 000 元的金额，以减少不必要的费用开支。

在购买支票时需要准备材料，不同的银行在细节要求的不同，具体咨询开户银行。

8.4.2　支票使用时需要注意的问题

在使用支票的过程中需要注意支票必须记载的事项，如图 8-16 所示。

图 8-16　支票必须记载的事项

如图 8-16 我们可知，支票的记载事项包括：绝对记载事项（是票据法规定必填的记载事项，如欠缺某一项记载事项则该票据无效）、相对记载事项（是指票据法规定应当记载而没有记载，如未记载可以通过法律规定进行推定而不会导致票据无效的事项）、非法定记载事项（非法定记载事项并不发生支票上的效力）。其中具体的内容简单归纳如下。

● **绝对记载事项**：①表明"支票"字样；②出票日期；③收款人名称；④付款行名称；⑤确定的金额；⑥出票人签章；⑦无条件支付委托，其中规定支票的金额、收款人名称两项绝对记载事项可以通过出票人以授权补记的方式进行补记，未补记前支票不得使用。

● **相对记载事项**：①付款地（如果支票上未记载付款地的，则付款地为付款人的营业场所）②出票地（支票上未记载出票地的，则出票人的营业场所、住所、经常居住地为出票地）。

● **非法定记载事项**：①支票的用途；②合同编号；③约定的违约金；④管辖法院等，如图 8-16 就没有对于合同编号、违约金等进行说明。

在使用时还要注意支票提示付款期为 10 天，一般从签发支票的当日算起，遇例假顺延；支票签发的日期、大小写金额、收款人名称不得更改，其他内容有误，可以划线更正，并加盖预留银行印鉴之一证明；支票发生遗失，可以向付款银行申请挂失止付；挂失前已经支付，银行不予受理。出票人签发空头支票、印章与银行预留印鉴不符的支票，银行除作退票处理，同时还要按票面金额处以 5%但不低于 1 000 元的罚款。持票人有权要求出票人赔偿支票金额 2% 的赔偿金。

8.4.3 转账支票如何做账

当新公司的出纳收到付款单位交来的转账支票后，需要对支票进行审查，如是否为假支票或无效支票，具体审核内容如图 8-17 所示。

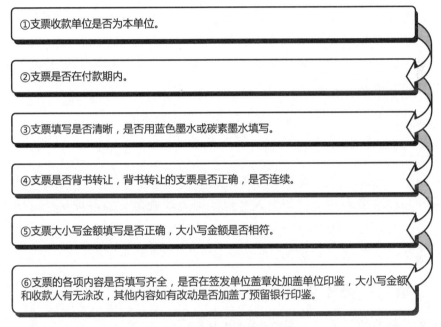

①支票收款单位是否为本单位。

②支票是否在付款期内。

③支票填写是否清晰，是否用蓝色墨水或碳素墨水填写。

④支票是否背书转让，背书转让的支票是否正确，是否连续。

⑤支票大小写金额填写是否正确，大小写金额是否相符。

⑥支票的各项内容是否填写齐全，是否在签发单位盖章处加盖单位印鉴，大小写金额和收款人有无涂改，其他内容如有改动是否加盖了预留银行印鉴。

图 8-17 收到支票审核的内容

当出纳人员对该支票审查无误后，即可填制一式两联进账单，连同支票一并送交其开户银行。开户银行审核无误后即可在进账单第一联上加盖"转讫"章退回收款单位。收款单位根据银行盖章退回的进账单第一联编制银行存款收款凭证。具体以案例的形式说明如下。

【处理转账支票】

杨女士是 A 公司的出纳人员，在 5 月 1 日公司收到 B 公司交来的 20 000 元转账支票，经过反复审查，确定审查无误后填制了进账单，并连同支票一并送开户银行，根据开户银行盖章退回的进账单第一联编制银行存款收款凭证，其会计分录为：

借：银行存款   20 000

  贷：产品销售收入   20 000

      应交税金——应交增值税（销项税额）   3 400

同时杨女士在 5 月 10 日开出一张 50 000 元的转账支票，用于支付上个月欠下的 C 公司的货款，她填制了一式两联进账单，在进账单上，本单位为付款人，对方单位为收款人。填制完后连同转账支票一并送本单位开户银行。

开户行在接到汪小姐送去的转账支票和进账单后按规定进行审查，审查无误后在支票和两联进账单上加盖"转讫"章，并将进账单第一联作为收账通知送与杨女士，杨女士收到银行转来的进账单第一联后，编制了银行存款收款凭证，其会计分录如下。

借：应付账款   50 000

  贷：银行存款   50 000

上例所示，公司收入或开出转账支票后，需要进行的账务处理，一般来说，在银行开立存款账户的单位和个人客户，用于同城交易的各种款项，均可签发转账支票，委托开户银行办理付款手续。转账支票只能用于转账。而且跨行的两天后到账，同行的即时到账。

8.4.4　填写转账支票

转账支票的填写要求，具体归纳以下几点。

● 填写日期（要大写），1 月要写零壹月，如 1 月 1 日，就是：零壹月零壹日。

● 填写收款单位，一个字都不能错，否则作废。

● 付款行和出票人账号，如果付款行和出票人账号有的就不填，没有的就填上。

● 转账金额，其中大写、小写要符合一致，顶格写，其中小写的地方要有现金符号￥字开头。

● 填写用途，如支付货款。

● 盖章，主要是盖上公司财务章和法人私章。

● 填写支票存根处。

具体填写如图 8-18 所示。

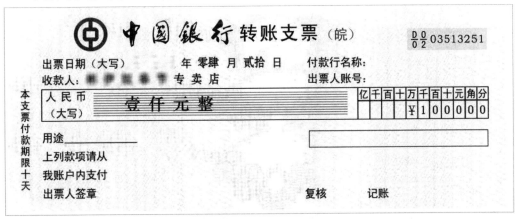

图 8-18　填写转账支票

出纳人员在填写时要注意，用黑色碳素笔或蓝黑笔，不许用圆珠笔，不得涂改任何文字，否则支票无效。

在填写支票时，要有基本的常识，如支票正面不能有涂改痕迹，否则本支票作废，出纳人员如果发现支票填写不全，可以补记，但不能涂改，支票的有效期为 10 天，日期首尾算一天。

支票丢失时，如果支票要素填写齐全，在开户银行挂失；如果要素填写不齐，到票据交换中心挂失。

大写数字怎么写

对于出票日期和出票的金额一般要用到大写数字，如零、壹、贰、叁、肆、伍、陆、柒、捌、玖、拾，在填写金额时还会用到佰、仟、万、亿。

例如 ¥456 789.52 可以写为：肆拾伍万陆仟柒佰捌拾玖元伍角贰分。

8.4.5　开错支票怎么办

根据会计基础工作规范规定：支票的日期、金额不能填错，如果填错，必须重开，并在支票上盖"作废"章，如图 8-19 所示，财务人员要保留该张支票，到时与未使用的支票一同交回银行。

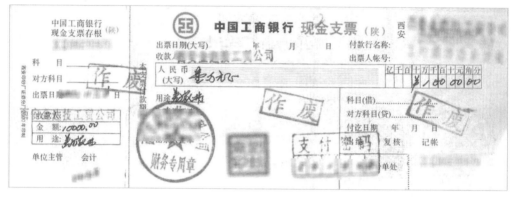

图 8-19　支票作废

注意，开错的支票不管是现金支票还是转账支票，必须要盖作废章或者手写作废，防止作废支票被他人恶意利用。作废的支票要在财务部门统一保管，可以将作废的支票粘贴在一起，和银行对账单一起进行保管，到保管年限后，进行销毁。

8.4.6　如何办理支票的保付和退票

首先需要了解什么是保付支票，保付支票是为了避免出票人开出空头支票，收款人或持票人可以要求付款行在支票上加盖"保付"印记，以保证到时一定能得到|银行付款的一种支票。

最早的保付支票形式如图 8-20 所示。

图 8-20　定额保付

现在，一般在相应的支票上加盖"保付"印记，如图 8-21 所示。

图8-21 支票保付

当 A 公司收到 B 公司开来的支票时，不立即向付款银行提现，但为确定支票付款的真实性，就将支票转往付款银行，请求保付。支票一经付款银行保付，付款责任就由保付银行承担，发票人和背书人等均不再负责任。

一般银行保付的支票金额必须在存款余额或透支限额以内，如有超过，法院将对保付银行处以罚款。此外，银行在保付支票的同时，应将支票所载金额由存款账户内划出，转入保付账户，以保证能按约付款。

银行对于签发人或收款人提交的现金支票和转账支票会进行审查，对于付款单位存款数额不足以支付票款或支票填写不合规定等情况，银行将按照规定予以退票。

所谓支票退票是指银行认为该支票的款项不能进入收款人账户而将支票退回。银行会出具"退票理由书"，连同支票和进账单一起退给签发人或收款人。

如果是 A 公司开出的用于付款的支票被退回，那么银行将给予付款公司一定的处罚，而付款公司就需要将处罚的金额做一定的账务处理，如在银行存款日记账上登记，银行存款金额减少，同时对方科目：营业外支出的金额增加。

一般来说，当支票发生退票，需要重开一张新的支票，并将退票与票头一起作废保存。因此不用重新记账。

对于支票退票的问题，出纳人员一定要引起足够的重视。例如，某公司在

2015 年 1 月上旬总共收取支票 1 056 张,其中 30 张被银行退回,成为作废支票。在这些废票中,出现的错误原因有出票日期书写错误、大小写金额不一致、支票密码错误、盖章不清晰等。这将给企业带来一定的损失,同时加大出纳的工作,所以出纳人员在填写支票时,一定要小心谨慎。

8.5 去银行必须谨记的事

我们知道,出纳人员几乎每天都要去银行报到。出纳人员在去银行的时候需要谨记几件事儿,如打印银行对账单与回单、申请公司信用卡、票账户如何销户等。

8.5.1 不要忘记打印银行对账单与回单

银行对账单是指银行客观记录公司资金流转情况的一种记录单。银行对账单反映的主体是银行和公司,反映的内容是公司的资金,反映的形式是对公司资金流转的记录。

银行对账单客观记录了公司发生的每一笔业务资金收付结转情况,能够全面详细地反映公司自成立以来所有资金运转情况,如图 8-22 所示。

查看业务资料

中国工商银行济南市分行对账单

日期	交易	凭证号	借方	贷方	余额
承上页					100000
3.2	取得贷款	#4500		100000	
3.3	提取现金	#4504	2000		
3.5	支付采购款	#4506	3510		
3.6	支付采购款	#4507	40800		
3.10	支付广告费	#4509	2000		
3.15	收销货款	#4512		32500	
3.18	存款利息	#4513		1930	
3.20	支付电费	#4515	1000		
3.26	提取现金	#4517	38000		
3.30	支付专利款	#4518	50800		96320

账号:　　单位名称:　　　有限公司　　第　页

图 8-22　银行对账单

银行对账单是在每月的月初打印上一个月的对账单,所以在每月初时可以带着"多功能电子回单系统"卡去银行的回单箱处自己打印，其操作是，用卡在回单箱刷卡处刷一下，弹出公司的名称，然后就可以根据所给出的提示进行打印。

银行的回单是银行的回执单的一个简称，一般包括在ATM机上的回执单、柜台上办理业务的回执单、公司对账回执单三大类，作为公司在银行办理业务的一种原始凭证。

在银行都有回单柜，如果单位申请了回单柜，出纳人员直接拿回单柜卡就可以取相应的回单。

8.5.2　如何向银行申请信用卡

信用卡已经不是个人的一种消费时尚，公司同样可以申请属于自己的信用卡，那么公司该如何申请信用卡呢？

与个人申请信用卡相同，首先向发卡银行填写信用卡申请书，在申请书上写明公司名称、地址、财产及负债情况、公司属性、公司规模等，填写完成以后，送交发卡行审查。

发卡行将对申请书的相关内容进行审核，审核通过通知公司到发卡行办理开户手续。在申请过程中一定要注意，缴纳信用卡存款（转账的方式，需要填制一式两联进账单；用现金方式，填制二联现金交款单，填明交存的金额），交纳年费（10～100元）和一定的保证金。

当申请手续办理完成后，出纳人员通过相应的凭证，应及时登记入账，首先是对卡内存款处理。以案例的方式说明如下。

【办理信用卡后的账务处理】

李女士为本单位申领长城卡公司卡主卡1张，附属卡3张，用转账支票存入信用卡存款15 000元，另交年费42元，财务部门根据银行盖章退回的进账单和结算业务收费凭证，编制银行存款付款凭证，其会计分录为：

借：其他货币资金——信用卡存款　　　　　　　　　　15 000

　　财务费用　　　　　　　　　　　　　　　　　　　42

　　贷：银行存款　　　　　　　　　　　　　　　　　　15 042

根据上例可知，企业的信用卡存款计入其他货币资金会计科目，而缴纳的年费计入财务费用科目，出纳人员可以根据相应的会计凭证登记银行存款日记账。

8.5.3　银行账户销毁怎么办

个人账户在一定的情形下需要销户，公司的银行账户也存在销户的情况，那么它的销户程序又是怎样的呢？

首先，经办人员需要填写销户申请表，需要法人的签名，在递交该申请表以后，带上三章（公章、财务章、法人章）、开户许可证、单位印鉴卡、尚未使用和已作废的支票、银行需要提供的其他资料、经办人的身份证和法人身份证、销户公函。

一般销户的时间在 3 天左右，加急的情况除外。销户没有手续费，但如果有欠费需要补齐。

销户时要注意，如果销户的是基本账户，那么必须把外围其他账户都销掉才可以。销户后如果公司有需要，只要公司手续齐全随时可以去合适的银行开户，当然也可以在之前的银行重新开户。

9

结交税务好友——新公司上税

新公司成立以后会交上一个"好朋友"——税务局。新公司成立要到税务局办理税务申报，比如印花税、个人所得税、城建税等。那么新公司到底应该缴纳什么税，应该怎样进行税务登记？

公司涉税的范围

国税与地税的差别

如何配合税务机关的检查

新公司如何进行开业税务登记

公司事项变更与注销如何登记

申报前的发票处理

明确申报对象

不同税种的申报期限

延期申报行不行

如何进行电子申报

遇见出口退税怎么办

公司可以申请为一般纳税人吗

9.1 新公司该交什么税

纳税是每个企业的责任，新公司根据经济性质和营业范围的不同，所要缴纳的税种也有差别。接下来就来看看不同类型的公司具体要缴纳什么税。

9.1.1 公司的涉税范围

不同的公司所涉及的税种都是不相同的，只有清楚了公司的纳税税种，才能在以后纳税时清楚地知道公司需要缴纳什么税。

按照企业行业划分，不同类型的企业要缴纳的税种如图 9-1 所示。

服务业企业	商业企业	外资企业	工业企业
营业税、城建税、教育费附加、地方教育费附加、个人所得税、企业所得税、房产税、土地使用税、印花税，有车交车船税等。	增值税、教育费附加、地方教育费附加、个人所得税、企业所得税、房产税、土地使用税、印花税，有车交车船税等。	增值税、营业税、城市维护建设税、教育费附加、企业所得税、个人所得税、其他税种，包括消费税、城镇土地使用税、印花税、车船税、房产税、资源税等。	增值税、城市建设维护税、企业所得税、房产税、消费税、有车交车船使用税、印花税、教育税附加等。

图 9-1　不同类型的企业要缴纳的税种

从图 9-1 可以看出，不同行业要缴纳的税种大致相同，但是不同的行业还是有一定差别，新公司在缴纳税种时要特别注意。

9.1.2 国税与地税的差别

我们已经知道了企业的一些基本纳税的范围，那么企业所缴纳的国税和地税究竟有什么区别呢，下面就详细来了解。

　　国税又称为中央税，是由国家税务局系统征收的，是中央政府收入的固定来源，归中央所有。地税是由地方政府征收、管理和支配的税收。

　　国税和地税除了所属的征收单位不同以外，二者征收的税种也不同，如图 9-2 所示。

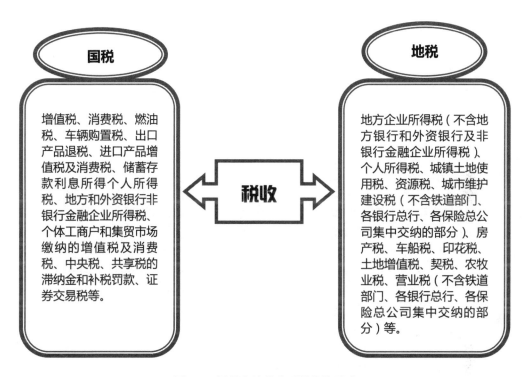

图 9-2　国税和地税分别增收的税种

　　从图 9-2 中可以看出，国税局和地税局有着不同的工作职责和征管范围，对企业来说，国税和地税都是要涉及的范围，因此清楚企业所缴纳的税种是属于国税还是地税是很有必要的。

9.1.3　如何配合税务机关的检查

　　税务检查是税收征收管理的一个重要环节，作为企业，配合税务机关依法进行税务检查是每个企业的职责。税务检查有利于贯彻国家的税收政策，对企业来说有利于企业端正经营方向，促进经济核算，提高经济效益。

　　了解税务检查的主要内容能够帮助公司更好地配合税务机关的检查，来税务检查的内容，如图 9-3 所示。

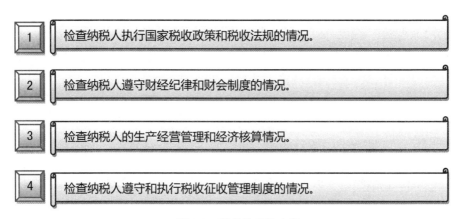

图 9-3　税务检查的内容

了解了税务检查的内容，新公司可能对这些项目具体检查的范围并不是很清楚。税务检查的范围，如图 9-4 所示。

图 9-4　税务检查的范围

从图 9-4 也可以看出，税务检查的范围主要是税务查账、实地调查、税务稽查三方面。那么公司应该怎样配合税务机关的检查呢，如图 9-5 所示。

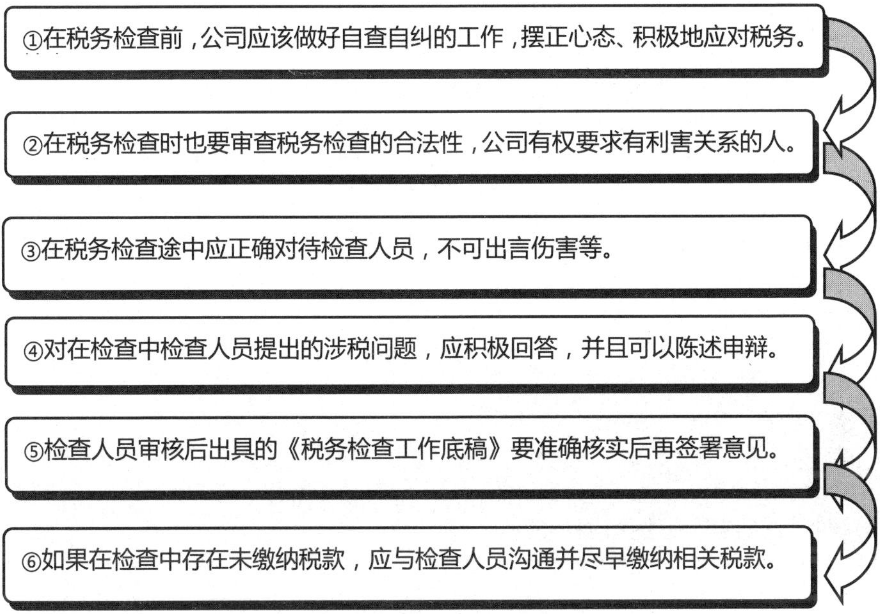

①在税务检查前，公司应该做好自查自纠的工作，摆正心态、积极地应对税务。

②在税务检查时也要审查税务检查的合法性，公司有权要求有利害关系的人。

③在税务检查途中应正确对待检查人员，不可出言伤害等。

④对在检查中检查人员提出的涉税问题，应积极回答，并且可以陈述申辩。

⑤检查人员审核后出具的《税务检查工作底稿》要准确核实后再签署意见。

⑥如果在检查中存在未缴纳税款，应与检查人员沟通并尽早缴纳相关税款。

图 9-5　公司应怎样配合税务检查

一般情况下，在进行税务检查前，税务机关都会提前发出《税务检查通知书》并附有《税务文书送达回证》。

公司在接受检查之前就要做好自查工作，发现有问题也应及时纠正，以免产生不必要的税务处罚。

9.2 新公司税务登记怎么办

税务登记又称为纳税登记，税务登记包括开业登记、变更登记、停业登记、复业登记、注销登记、外出经验报验登记。新公司需要办理的是开业登记，这也是新公司必须依法办理的事项。

9.2.1 新公司如何进行开业税务登记

办理开业登记的具体内容如图 9-6 所示。

<table>
<tr><td>
办理时间

公司在领取营业执照 30 日内，主动向国家税务机关申报办理登记。
</td></tr>
</table>

<table>
<tr><td>
办理地点

公司在生产、经营所在地的国家税务机关办理税务登记活动。
</td></tr>
</table>

<table>
<tr><td>
办理所需资料

1.工商营业执照或其他核准执业证件。
2.有关合同、章程、协议书。
3.银行账户证明。
4.组织机构统一代码证书。
5.法定代表人、负责人或业主的居民身份证，护照或其他合法证件。
6.税务机关要求的其他需要提供的资料。
</td></tr>
</table>

图 9-6　办理开业登记的具体内容

9.2.2 公司事项变更与注销如何登记

有时候，公司会遇到改变单位名称，或者改变法定代表人、住所、经营地点等情况。

这些都是属于公司事项的变更，公司事项的变更需要到税务机关进行变更税务登记。

公司变更税务登记的时间是自工商管理机关变更登记之日起 30 日内，向原税务机关办理变更登记。变更登记办理所需的资料由于变更事项的不同会有差别，变更不同事项所需的资料如图 9-7 所示。

<table>
<tr><td>
变更注册资本所需资料

1.变更的决议或补充章程的原件及复印件。
2.验资报告的原件及复印件。
</td></tr>
</table>

图 9-7　变更不同事项所需的资料

变更法定代表人所需的资料

1.法定代表人居民身份证或护照等身份证明资料原件及复印件。
2.变更的决议及有证明文件原件和复印件。
3.新任法定代表人愿意承担前任法定代表人任职期间该纳税人涉税业务的权利和义务的声明。

变更注册（住所）地址或经营地址

1.注册地址及生产、经营地址证明原件及其复印件，如果是租赁则提供租赁协议原件及复印件。
2.进出口业务的公司需提供经进出口税收管理部门审批通过的《出口货物退（免）税注销认定通知书》。
3.如果经营地迁移到市内其他行政区还要提供《发票缴纳登记表》。

变更银行账号

银行开立账户的资料原件及复印件。

变更经营范围

变更决议及相关证明文件的原件和复印件。

变更纳税人识别号

1.因领取组织机构代码证需变更纳税人识别号的，提供组织机构代码证原件及复印件。
2.因纳税人基本信息变更或因行政区域变化等原因，需要变更纳税人识别号的，提供相应的有关证明文件原件及复印件。

图 9-7 变更不同事项所需的资料（续）

　　有些公司营业一段时间可能会因为一些特殊的原因，需要办理注销税务登记。但是注销税务登记有时候并不是那么顺利，这是因为办理注销税务登记是具体要求的。注销税务登记要有以下 3 种情况才能办理，如图 9-8 所示。

第 1 种 公司因为发生解散、破产、撤销及其他情形，依法终止纳税义务的。

图 9-8 可以注销税务登记的情况

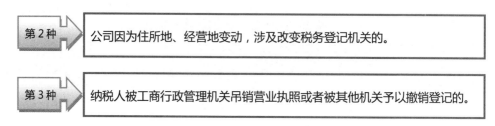

图9-8　可以注销税务登记的情况（续）

满足税务登记注销的要求以后，还需要提供资料，税务机关才会为公司办理注销税务登记，具体需要的资料如图9-9所示。

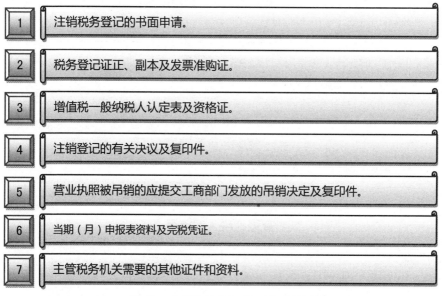

图9-9　公司注销税务登记所需的资料

9.3　新公司如何进行纳税申报

新公司在办理税务登记以后，还需要到税务机关进行纳税申报。这是纳税人必须依法履行的义务，新公司纳税申报如何进行呢，接下来就一起来看一看。

9.3.1 申报前发票的处理

发票是公司经营活动的一种原始证明，也是税务机关进行税务稽查的重要依据。加强发票的管理能够帮助公司很好地进行财务会计的管理，也是公司进行纳税申报的重要依据。

发票的种类有很多种，公司常收到的发票如图 9-10 所示。

```
增值税发票（增值税专用/普通发票）。
```

```
国税通用机打/手工/定额发票。
```

```
地税通用机打/手工/定额发票。
```

```
机动车统一发票。
```

```
行政事业性统一发票。
```

```
公路内河货物运输统一发票。
```

图 9-10 公司常收到的发票

公司收到发票以后也不能掉以轻心，有许多事项是需要注意的，首先要辨别发票的真伪，检查项目是否与实际交易符合；其次还要看清楚发票上的字迹是否清晰等。发票是公司经营活动的重要凭证，公司负责人一定要认真对待。

公司在经营活动中会收到不同的发票，也会遇到很多不同的问题，比如收到不符合规定的发票等，这些情况下如何处理发票呢，如图 9-11 所示。

> **收到正规有效的发票**
> 公司在收到正规的发票以后，这时需要会计人员做记账凭证并妥善保管。

图 9-11 公司发票的处理

收到不符合规定的发票

公司在收到不符合规定的发票后首先要核实业务是否真实，如果业务真实可以要求合作单位重新开具正规发票。

发票遗失

公司发票如果丢失应及时报告税务机关，并登报遗失声明。

图 9-11　公司发票的处理（续）

9.3.2　明确申报对象

纳税申报对象是指按照国家法律、行政法规的规定，负有纳税义务的纳税人或者负有代扣代缴税款义务的扣缴义务人。具体的申报对象如图 9-12 所示。

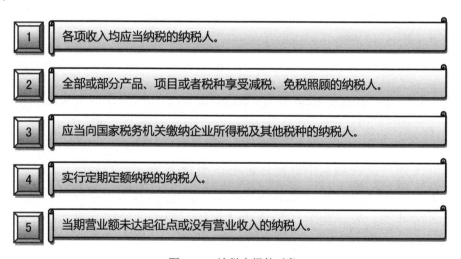

1　各项收入均应当纳税的纳税人。

2　全部或部分产品、项目或者税种享受减税、免税照顾的纳税人。

3　应当向国家税务机关缴纳企业所得税及其他税种的纳税人。

4　实行定期定额纳税的纳税人。

5　当期营业额未达起征点或没有营业收入的纳税人。

图 9-12　纳税申报的对象

由于税种不同，纳税申报的对象也不同，如图 9-13 所示。

营业税纳税申报的对象

在我国提供应税劳务、转让无形资产、销售不动产的公司。

图 9-13　不同税种的纳税对象

城市维护建设税纳税申报对象

缴纳增值税、消费税、营业税的公司。

企业所得税纳税申报对象

在工商部门办理开业登记并领取营业执照，在我国实行独立经济核算的各类公司。

个人所得税纳税申报对象

在我国境内有住所，或者无住所而在境内居住满一年的公司。

印花税申报对象

在我国境内成立、领受应税经济凭证的公司。

图 9-13　不同税种的纳税对象（续）

9.3.3　不同税种的申报期限

由于不同的税种有不同的特点，在纳税申报时，不同的税种申报的期限也不一样。甚至同一个税种也有可能因为公司经营情况的不同、财务会计核算不同、纳税金额的不同申报时间期限也不同。

下面具体来看看不同的税种申报期限，如图 9-14 所示。

增值税、消费税的纳税期限

增值税、消费税的纳税期限分别为 1 日、3 日、5 日、10 日或者 1 个月。

营业税的纳税期限

营业税的纳税期限分别为 5 日、10 日、15 日或者 1 个月。

企业所得税的纳税期限

企业所得税的纳税期限为在月份或者季度终了后的 10 日内，年度终了后 45 日内。

图 9-14　不同税种的纳税期限

个人所得税的纳税期限

个人所得税的纳税期限为次月 10 日内。

外资公司所得税种的纳税期限

外资公司企业所得税的纳税期限为季度终了后 10 日内，年度终了后 4 个月内。

图 9-14　不同税种的纳税期限（续）

新公司第一次进行纳税申报的期限是税务登记办理完毕的次月。还有一点是公司纳税申报要注意的，如果纳税申报期限的最后一天是法定节假日的，以节假日的次日为期限的最后一天。

其他税种的纳税期限

公司的承包经营和承租经营所得税的纳税期限为按年计算，在年度终了后 30 日内。如果一年内分次取得承包经营、承租经营所得的，在取得每次所得后的 7 日内。在境外取得所得的，申报期限为年度终了后 30 日内。其他各税，分别按照法定期限申报纳税。

9.3.4　延期申报行不行

有些时候公司会因为不可抗力或者客观的原因导致不能按时进行纳税申报。那么可不可以进行延期申报呢，答案是可以的。但是只有以下几种情况才可以进行延期申报，如图 9-15 所示。

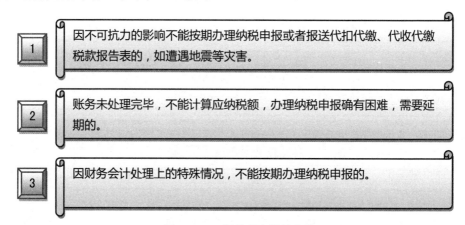

图 9-15　延期纳税申报的条件

满足了延期的条件后，想要成功延期纳税申报，还需要在规定的纳税申报期限届满三天前向税务机关提出书面申请报告及相关资料，经税务机关审核以后，才能延期进行纳税申报。具体需要的资料如图 9-16 所示。

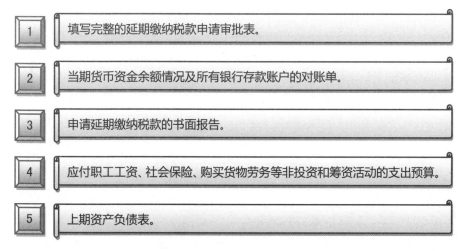

图 9-16　延期纳税申报所需提供的资料

在规定的时间内并且提供了相关资料给主管的税务机关就可以完成延期纳税申报了，但是延期纳税申报并不一定都会成功。税务机关会在收到申请延期缴纳税款报告之日起 20 日内做出批准或不批准的决定。如果没有批准不成功，将会在缴纳税款期限届满之日起收取一定的滞纳金。

延期纳税申报的时间限制

延期纳税申报的期限是有时间的限制的，延期缴税的期限不能超过 3 个月，在 3 个月内是不收取任何费用的。如果 3 个月后还未进行纳税申报，将会收取一定的滞纳金。另外，同一公司的同一税种在一个纳税年度内只能申请一次。

9.3.5　如何进行电子报税

由于互联网的发展，纳税申报也顺应信息化的发展，出现了电子报税。电子报税为公司节省了报税的时间，同时也使得纳税申报变得更加简单。

电子报税能够让公司足不出户就完成纳税申报，要进行电子报税，首先要在税务机关受理部门办理 CA 证书，具体流程如图 9-17 所示。

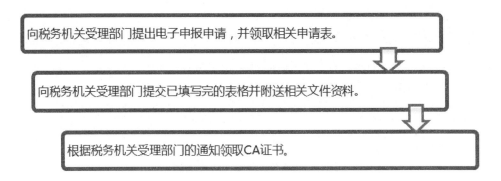

图 9-17　办理电子证书的流程

从图 9-17 可以看出办理 CA 证书需要向税务机关受理部门提交相关资料文件，具体需要的文件，如图 9-18 所示。

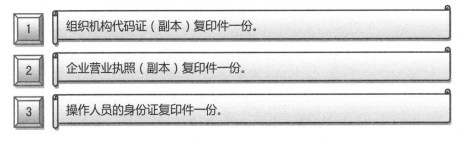

图 9-18　办理电子证书需要的资料

领取证书以后，还需要在电脑上进行企业端软件的安装，安装完成后，打开主管税务机关的官方网站，单击"网上申报"超链接，图 9-19 所示为北京市国家税务局官方网站。

图 9-19　北京市国家税务局官方网站

进入相应的页面以后，按照提示的操作流程进行操作即可进行网上报税。由于地区不同主管税务机关的官方网站页面也会有区别，但是操作流程都是相似的。

9.4 新公司常见的税务问题

新公司在经营中会遇到各种各样的税务问题，比如公司暂时没有收入需不需要报税、享受减免税时该怎么办、产生纳税争议了该怎么办、遇见出口退税怎么办。接下来就具体来看看当出现这些常见的税务问题的时候，公司应该怎样做？

9.4.1 新公司暂时没有收入，可以不报税吗

公司新成立可能会出现暂时没有收入的情况，这种时候公司可能会误以为没有发生营业收入，也不需要购买发票就不用到税务机关进行报税了。但是实际上新公司暂时没有收入同样需要进行报税。

根据税收征管法的规定，从税务登记之日起，企业必须在规定的时间内（登记之日起30天内）建立账册并进行每月纳税申报，没有收入也需要零申报。否则，税务部门将根据延期申报的天数进行处罚。

9.4.2 当公司享受减免税时怎么办

当公司可以享受减免税时，对公司来说是一件好事，因为这意味着公司又可以节省一笔费用。享受减免税是需要一定条件的，公司达到了减免税条件，还需要向主管税务机关提出申请及提交相关资料才能享受减免税。具体需要提交的资料如图9-20所示。

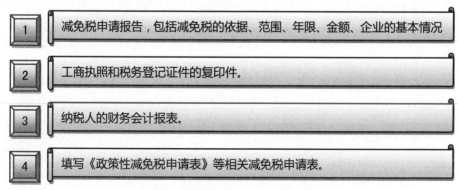

1	减免税申请报告，包括减免税的依据、范围、年限、金额、企业的基本情况
2	工商执照和税务登记证件的复印件。
3	纳税人的财务会计报表。
4	填写《政策性减免税申请表》等相关减免税申请表。

图9-20 申请减免税需要提供的资料

| 5 | 根据不同减免税项目，税务机关要求提供的其他材料。 |

图 9-20　申请减免税需要提供的资料（续）

9.4.3 股东向公司借款，有没有问题

股东有时候会向公司借款，在这种情况下公司是可以借款给股东的，但是要注意税收上的问题。

根据《财税[2003]158 号》文件规定，纳税年度内个人投资者从其投资企业（个人独资企业、合伙企业除外）借款，在该纳税年度终了后既不归还，又未用于企业生产经营的，其未归还的借款可视为企业对个人投资者的红利分配，依照"利息、股息、红利所得"项目计征个人所得税。

9.4.4 遇见出口退税怎么办

当公司的经营活动有进出口货物的时候，这时公司就会涉及出口退税。出口退税必须是增值税、消费税征收范围内的货物。当公司遇到出口退税时怎么办，如图 9-21 所示。

取得有关部门批准其经营出口产品业务的文件和工商行政管理部门合法的工商登记证明后，在30日内办理出口企业退税登记。

领到"出口企业退税登记表"后，按登记表及有关要求填写，加盖企业公章和有关人员印章后，连同出口产品经营权批准文件、工商登记证明等证明文件资料一起报送税务机关。

当企业经营状况发生变化或某些退税政策发生变动时，应根据实际需要变更或注销退税登记。

图 9-21　公司遇到出口退税该怎么做

图 9-21 可以看出，在办理出口退税时还需要公司提供相关的证明资料，那么具体都是哪些资料呢，如图 9-22 所示。

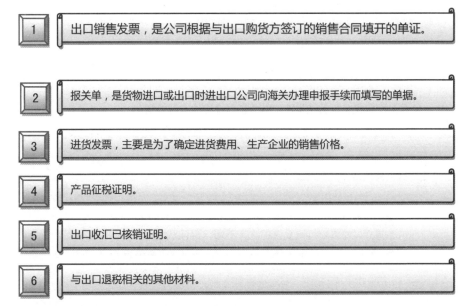

1　出口销售发票，是公司根据与出口购货方签订的销售合同填开的单证。

2　报关单，是货物进口或出口时进出口公司向海关办理申报手续而填写的单据。

3　进货发票，主要是为了确定进货费用、生产企业的销售价格。

4　产品征税证明。

5　出口收汇已核销证明。

6　与出口退税相关的其他材料。

图 9-22　办理出口退税需要的资料

如果是生产性质的公司业直接出口或委托出口自制产品，还应附送出口货物运单和出口保险单。有进料加工复出口产品业务的公司，还要向税务机关报送合同编号、日期、进口料件名称、数量、复出口产品名称，进料成本金额等。

9.4.5　公司可以申请为一般纳税人吗

一般纳税人是指年应征增值税销售额超过财政部规定的小规模纳税人标准的企业和企业性单位。一般纳税人的特点是增值税进项税额可以抵扣销项税额。一般纳税人的认定有一定标准，具体内容如图 9-23 所示。

① 增值税纳税人，年应税销售额超过财政部、国家税务总局规定的小规模纳税人标准的，应当向主管税务机关申请一般纳税人资格认定。

② 年应税销售额未超过财政部、国家税务总局规定的小规模纳税人标准及新开业的纳税人，可以向主管税务机关申请一般纳税人资格认定。

图 9-23　一般纳税人的认定标准

9.4.6　发生纳税争议怎么办

有时公司会对税务机关的某些征税行为产生争议，比如在税务稽查中对补缴税款有争议、对退税有争议、征收滞纳金有争议等。在这种情况公司又该怎么做呢，如图 9-24 所示。

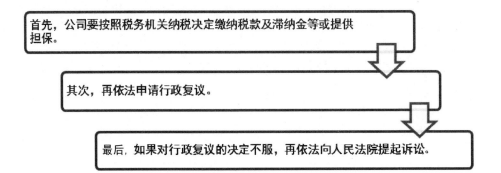

首先，公司要按照税务机关纳税决定缴纳税款及滞纳金等或提供担保。

其次，再依法申请行政复议。

最后，如果对行政复议的决定不服，再依法向人民法院提起诉讼。

图 9-24　发生纳税争议时公司该怎么做

10

新公司老板必懂的财务

前面我们已经知道了财务管理的重要性，作为老板最关心的是公司经营效率盈利能力是怎么样的。下面就从公司的财务报表中来具体看一看公司的经营效率、偿债能力、盈利能力。

财务风险的类型
如何规避财务风险
绕开财务陷阱
财务结构什么是关键
调整不合理的财务结构
公司的经营效率怎么看
提高公司经营效率的关键点
什么是公司的偿债能力
如何分析偿债能力
简单认识公司的盈利能力
公司的盈利能力如何计算
核心：看懂公司的几大报表

10.1 第一步：了解财务风险

财务风险对公司来说是客观存在的，也不可能完全消除，但是管理者可以通过一些有效的措施来防范和降低财务风险。财务风险的类型是多种多样的，了解不同的风险类型将有助于管理者采取防范措施。

10.1.1 财务风险的类型

财务风险贯穿在公司整个生产经营活动中，存在于公司财务管理的方方面面，比如筹集资金、资金运作、资金分配等过程中。公司面对的财务风险主要有以下几点，如图 10-1 所示。

```
┌─────────────────────────────────────────────────────────┐
│ 经营风险                                                   │
├─────────────────────────────────────────────────────────┤
│ •经营风险又称为营业风险，是指公司在经营过程中因为供、产、销环节中的不确定因素 │
│  引起的风险。                                               │
│ •主要包括生产风险、采购风险、应收账款变现风险和存货变现风险等。            │
└─────────────────────────────────────────────────────────┘
┌─────────────────────────────────────────────────────────┐
│ 筹资风险                                                   │
├─────────────────────────────────────────────────────────┤
│ •筹资风险是指由宏观经济环境、资金供需市场、筹集资金等所带来的不确定性所引起的 │
│  风险。                                                    │
│ •主要包括利率风险、再融资风险、财务杠杆风险、汇率风险和购买力风险等。       │
└─────────────────────────────────────────────────────────┘
┌─────────────────────────────────────────────────────────┐
│ 流动性风险                                                 │
├─────────────────────────────────────────────────────────┤
│ •流动性风险是指企业资产不能正常和确定性的转移现金或企业债务和付现责任不能正常 │
│  履行而产生的风险。                                          │
│ •主要包括变现风险和清偿风险等。                                │
└─────────────────────────────────────────────────────────┘
┌─────────────────────────────────────────────────────────┐
│ 投资风险                                                   │
├─────────────────────────────────────────────────────────┤
│ •投资风险是指企业投入一定资金后，因市场需求变化而影响最终收益与预期收益偏离的 │
│  风险。                                                    │
│ •主要包括利率风险、再投资风险、汇率风险、通货膨胀风险、金融衍生工具风险、道德 │
│  风险和违约风险等。                                          │
└─────────────────────────────────────────────────────────┘
```

图 10-1　财务风险的类型

存货管理风险

·由于企业会保存一部分存货，存货太多会导致产品积压，占用企业资金，风险较高；存货太少又可能导致原材料供应不及时，影响企业的正常生产，这种情况带来的风险被称为存货管理风险。

图 10-1　财务风险的类型（续）

10.1.2　如何规避财务风险

财务风险产生的原因有公司外部的原因，也有公司内部的原因，怎样把财务风险降到最低是公司最关心的问题。其实，只要掌握了一些行之有效的应对策略是可以很好地规避财务风险的，如图 10-2 所示。

① 建立财务预警分析指标体系，财务风险产生的根本原因是财务风险处理不当，因此建立财务预警系统尤为重要。

② 公司理财的对象是现金及其流动，那么建立短期财务预警系统，编制现金流量预算是很有必要的。

③ 公司的获利能力、偿债能力、经济效率等是能够反映公司经营状况的重要指标，这就要求公司确立财务分析指标体系，建立长期财务预警系统。

④ 树立风险意识，健全内控程序，降低潜在风险。如签订合同后应跟踪审查合作公司的偿债能力，减少直接风险损失。

⑤ 公司在做出重大投资决策的时候，应该慎重考虑，科学的做出投资决策。

图 10-2　公司规避财务风险的策略

已经知道，财务风险的类型是多种多样的，针对具体的风险类型，公司也可以采取相应的措施进行防范，如图 10-3 所示。

1．应对经营风险措施

面对经营风险公司应该在确定生产何种产品的时候，就提前对产品市场做好调研工作，要生产适销对路的产品。也不要盲目跟风生产产品，市场对企业的产品需求越稳定，企业的经营效益才会越好。

2．应对流动性风险措施

面对流动性风险公司要做的是确定最优的现金持有量、最佳的库存量及加快应收账款的回收等。持有现金太多会占用太多资金成本，太少又会面临自己不足带来的风险，因此公司要确定一个最优的现金持有量。

3．应对投资风险措施

投资风险的防范措施要通过控制投资期限、投资品种来降低。由于投资的期限越长，风险也就越大，因此企业投资应尽量选择短期投资。也可以采取组合投资的方式，这样可以分散风险。另外，如果发生资金不足的情况可以采取发行股票、发行债券或银行借款等多种方式来筹集所需资本。

4．应对汇率风险措施

为避免汇率风险公司在选择合同货币的时候，应该争取使用本国货币作为合同货币。也可在金融市场进行保值操作，如外币票据贴现等。在经营过程中也要多样化，实行投资、筹资的多样化。

图 10-3　不同风险类型的防范措施

10.1.3　绕开财务陷阱

财务管理是公司管理的核心，公司想要长治久安就要懂得财务管理的陷阱是哪些，同时要学会绕开这些财务陷阱，如图 10-4 所示。

利润陷阱

利润陷阱是指公司把利润理解为公司财富，财务管理目标定位在公司利润最大化而不是公司价值最大化上。公司一旦掉入利润陷阱中，会导致公司迷失方向，不利于公司做出长远规划。所以公司管理者要注意企业价值的最大化才是公司应该坚定不移追求的目标。

图 10-4　财务管理的陷阱以及防范措施

目标陷阱	目标陷阱是指公司的财务目标与公司的战略目标脱节，公司相关部门没有协调好财务关系。公司陷入目标陷阱极易导致公司投资决策失误，分散公司力量，无法开展有效的业绩评价。想要绕开目标陷阱，公司管理者就要明确财务战略目标，运用科学的财务战略分析和预测方法，结合企业实际制定财务战略目标，对公司未来前景有清晰的认识。
多元化扩张陷阱	公司在不具备扩张领域的知识、基本经验的情况下进行多元化扩张常常会陷入多元化陷阱。公司陷入多元化理财陷阱容易出现各部门争预算指标、争投资及各自为政等现象，往往是人为的造成了企业资源的浪费和经济效益下降。为避免陷入多元化理财风险，公司应根据企业特点，结合社会的发展，选准切入点，在对扩张领域有清晰认识以后再进行扩张。
负债经营陷阱	公司为追求更快的发展，而采取具有一定风险的负债经营融资策略。这种情况下公司易陷入负债经营陷阱中，从而造成财务失控、财务风险。为避免负债经营陷阱，公司在投资项目的时候应该考虑投资项目的难度和风险，要形成合理的资本结构，负债经营中要充分考虑偿债能力。
组织陷阱	公司管理者在经营过程中，不注意财务管理的工作方式，使得财务管理和协调变得困难，这时企业就会陷入组织陷阱。为避免组织陷阱，公司应该加强组织的沟通协作，建立起财务管理信息平台，是财务管理能够贯穿于公司的整个经营活动中。
人员陷阱	公司如果没有高素质的财务管理人员，也不重视财务人员的培养、人才引进，就容易掉进人员陷阱，造成财务管理目标很难实现。这就要求公司重视财务管理人员的人力资源开发，加强培训，提高财务人员的业务能力。
文化陷阱	公司财务管理的成功与否与公司文化也有很大的关系，如果公司管理者理财政治化，尊崇个人主义，很容易造成企业员工不重视公司发展从而影响公司财务文化建设。为避免文化陷阱，管理者要重视建立合理的财务文化。

图 10-4 财务管理的陷阱防范措施（续）

10.2 第二步：熟悉财务结构

财务结构是指公司是怎样筹资全部资金的，资产负债的项目是如何构成的及它们之间的比例关系等。

财务结构的合理性是公司生存与发展的重要条件，对公司的管理者来说了解财务结构就显得尤为重要了。

10.2.1 财务结构什么是关键

财务结构中与公司密切相关的是资金结构。资金结构又被称为资本结构，是公司各种资金的构成及其比例关系。

资金结构之所以是公司财务结构的关键，是因为它会对公司很多方面造成影响。比如公司的财务状况、资产结构、信用评级和营业能力等。

合理的资金结构有利于公司优化筹资结构、改善财务状况、降低财务风险和降低资本成本等，所以公司建立合理的资金结构是很重要的。

10.2.2 调整不合理的财务结构

不合理的财务结构对公司造成的影响反映在资产与负债的结构不合理，销售利润率及各项费用率的比例不合理，现金流量表的结构不合理等。

通过分析公司财务结构的不同比率关系，可以很好地帮助公司分析财务结构是哪些方面不合理，具体内容如图 10-5 所示。

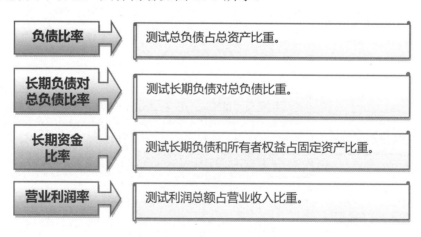

图 10-5　财务结构的不同比率

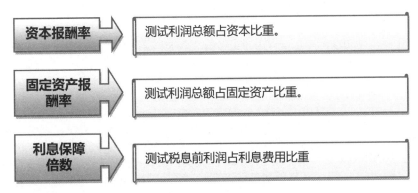

资本报酬率	测试利润总额占资本比重。
固定资产报酬率	测试利润总额占固定资产比重。
利息保障倍数	测试税息前利润占利息费用比重

图 10-5　财务结构的不同比率（续）

如果财务结构不合理，就需要进行调整，这时公司管理者可以根据不同的比率进行相应的调整。如果是负债比率不合理，公司要具体分析是资本过高还是负债过高，然后根据公司的实际情况做出相应的调整。

比如，营业利润率不合理，这时就要考虑是产品制造成本造成的，还是由于产品均价或销售数量等造成的。

公司也是可以采取一定的预防措施来防止不合理的财务结构的出现，如图 10-6 所示。

①改善公司的经营管理，增强企业自身的造血功能。

②加强公司财务结构的监控，是财务结构保持合理状态。

③完善融资、投资方式，使融资、投资更多样化。

图 10-6　预防不合理财务结构的措施

10.3 判断公司的经营效率

公司经营的好坏，很大程度上是由公司的经营效率决定的。分析公司的经营效率，可以很好地帮助管理者判断公司的经营状况，为公司提高经济效益指明方向。

10.3.1 公司的经营效率怎么看

公司管理者想要判断公司的经营效率的好坏，可以从以下几个财务指标出发，如图 10-7 所示。

存货周转率
存货周转率是公司一定时期销货成本与平均存货余额的比率。反映存货的周转速度，存货周转率越高，表明企业存货资产变现能力越强，存货及占用在存货上的资金周转速度越快。通过分析存货周转率可以促使公司在保证生产经营连续性的同时提高资金的使用效率，增强公司的短期偿债能力。

应收账款周转率
应收账款周转率反映的是公司应收账款周转速度的比率。一般情况下，应收账款周转率越高越好，周转率高，表明收账迅速，资产流动性强。公司在分析应收账款周转率时应将公司本期指标和公司前期指标、行业平均水平或其他类似公司的指标相比较，判断该指标的高低。

总资产周转率
总资产周转率时公司在一定时期业务收入净额同平均资产总额的比率。总资产周转率反映了公司整体资产的营运能，对公司来说，周转率越大，说明总资产周转越快，反映出销售能力越强。如果公司总资产周转率长期处于较低状态，公司这时就要采取措施，提高资产利用率，提高销售收入。

成本及费用的比例
成本比例指的是主营成本比例，费用指的是营业费用比例、管理费用比例、财务费用比例。成本和费用反映公司获得销售时付出的代价。降低成本和费用，对公司的经营效率至关重要。把成本和费用于销售收入做比较，得出的就是主营成本比例、营业费用比例、管理费用比例、财务费用比例。如果与同行业做比较，这些比例的值较低，就表明公司在控制成本方面更胜一筹。另外还要注意一点，公司在平稳经营的期间，营业费用和财务费用在内的期间费用与收入的相对比例一般不会发生巨大变化，如果发生异动，则公司管理者需要引起注意。

图 10-7　判断公司经营效率的指标

10.3.2　提高公司经营效率的关键点

提高公司的经营效率是公司管理者最关心的问题。我们知道，公司的经营效率的好坏是由多方面的指标来判定的，因此各方面的指标达到合理的状态很重要。

从公司的内在要求上来看，提高公司的经营效率，关键在于建立完善的激励和约束机制。内部的管理建设是一项长期的工作，造成公司内部管理效率低主要有以下几个原因，如图 10-8 所示。

①公司管理者没有意识到企业内部管理的重要性，没有制定完善的管理制度。

②没有风险意识，没有内部控制监督机制。

③没有有效的执行内部管理制度，制度流于形式。

④公司决策机制不完善。

图 10-8　造成公司内部管理效率低的原因

公司如果想要提高经营效率，那么提高内部的管理效率就是很重要的一个关键点。提高公司内部管理效率的方法，如图 10-9 所示。

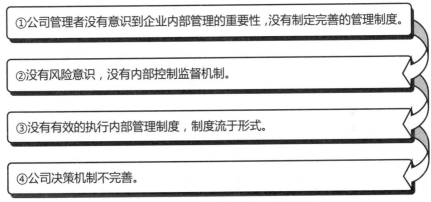

1．找出问题所在

公司如果内部管理效率低，原因可能有多种。管理者要真正了解症结的所在，并且对症下药才是正确的方法。

2．快速行动，善于沟通

对公司方案要尽快实施，如果发现问题要及时与公司员工进行有效沟通，运用奖励机制来提高员工的积极性。

3．制定明确目标

建立明确的目标能够很好的提高公司的工作效率，但是要注意的是，建立的目标要对公司及努力实现目标的人具有意义才行。

图 10-9　提高公司内部管理效率的方法

4．培养员工能力

提高员工的业务能力，可以加快员工的整体工作效率。

5．加速有度

公司在努力提高内部管理效率的同时，也要有一定的度，不能在没有充分资源准备的情况下一味追求高效的工作进度。

图 10-9　提高公司内部管理效率的方法（续）

10.4 判断公司的偿债能力

公司偿债能力反映了公司的企业财务状况和经营能力，通过分析偿债能力可以考察公司持续经营的能力和风险。

10.4.1　什么是公司的偿债能力

偿债能力，顾名思义就是公司用其资产偿还长期债务和短期债务的能力，公司的偿债能力是公司是否能健康生存和发展的关键。

公司偿债能力，静态地讲，就是用公司用资产清偿债务的能力；动态地讲，就是用公司资产和经营过程创造的收益偿还债务的能力。偿债能力主要分为短期偿债能力和长期偿债能力两种。

10.4.2　如何分析偿债能力

对偿债能力进行分析有助于公司对未来的收益进行预测，要分析偿债能力可以从短期偿债能力和长期偿债能力者两个方面进行分析，通过不同的指标可以有效地分析短期偿债能力和长期偿债能力，如图 10-10 所示。

指企业以流动资产对流动负债及时足额偿还的保证程度衡量短期偿债能力的指标主要有流动比率、速动比率和现金流动负债。

图 10-10　分析偿债能力的指标

指企业偿还长期负债的能力，长期负债包括长期借款、应付债券、长期应付款、专业应付款、预计负债等。衡量长期偿债能力的指标主要有资本周转率。

图 10-10　分析偿债能力的指标（续）

在资产负债表中，负债主要分为流动负债和长期负债两个项目。想要知道公司的长期偿债能力可以从资产负债率来看。

资产负债率计算公式：资产负债率＝负债总额/资产总额×100%

下面以某公司的资产负债表中的资产和负债项目来看资产负债率是怎样反映公司的偿债能力的。

【通过资产负债率分析偿债能力】

在某一公司的资产负债表中，年初资产总计为 563 000 元，年初负债总计（流动负债加上长期负债）为 365 000 元。年末资产总计为 650 000 元，年末负债总计为 287 000 元，年初资产负债率为对应的结构表如表 10-1 所示。

表 10-1　负债与资产结构表

	年初	年末
资产总计	563 000	650 000
负债总计	365 000	287 000
资产负债率	64.83%	44.15%

从表 10-1 可以看出，年初资产负债率为 64.83%，这个比例较高的反映出了公司长期偿债能力较弱。

一般来说，公司资产负债率保持在 0.4～0.6 之间最好。在年末时资产负债率由年初的 64.83%下降到 44.15%，这时处于一个比较适宜的水平，说明公司偿债能力比较强。

看公司的短期偿债能力，可以从流动比率、速动比率、现金比率这几个指标来看。

流动比率计算公式：流动比率=流动资产/流动负债×100%

速动比率计算公式：速动比率=速动资产/流动负债×100%

现金比率计算公式：现金比率=（货币资金+交易性金融资产）/流动负债×100%

一般来说，如果流动比率、速动比率和现金比率的指标越大，就表明公司短期偿债能力越强。另外，速动资产包括货币资金、短期投资、应收票据和应收账款，可以在较短时间内变现的资产。

下面以某公司资产负债表数据来看看通过这 3 个指标怎样来看公司的短期偿债能力。

【分析公司的短期偿债能力】

从某一公司资产负债表中，计算得出该公司的年末流动资产合计为 495 060 元，年末流动负债合计为 1 172 800 元，年末速动资产合计为 479 600 元，年末货币资金为 468 700 元，年末交易性金融资产为 0 元。由此可以计算得出 3 个指标分别为：

流动比率=495 060/1 172 800×100％=42.21%

速动比率=479 600/1 172 800 ×100％=40.89%

现金比率=468 700/1 172 800×100％=39.96%

一般来说，当流动比率大于 2 时，说明企业的偿债能力比较强；当流动比率小于 2 时，说明企业的偿债能力比较弱；当流动比率等于 1 时，说明企业的偿债能力比较危险；当流动比率小于 1 时，说明企业的偿债能力非常困难。该公司流动比率为 42.21%由此可见，该公司的短期偿债能力不强。

正常的速动比率应该为 1 左右，低于 1 的速动比率被认为企业面临着很大的偿债风险。该公司的速动比率为 40.89%，低于一般水平 1，短期的偿债能力比较弱。

现金比率最能直接反映公司偿付流动负债的能力，一般来说，现金比率在 20%以上最好。但是如果太高，也意味公司流动负债未能得到合理运用，而现金类资产获利能力低。该公司现金比率为 39.96%，表明直接偿付流动负债的能力较好，流动资金得到了充分利用。

偿债能力的其他指标

反映公司的偿债能力的重要指标还包括清算价值比率与利息支付倍数。清算价值比例是公司清偿所有
债务的能力。利息支付倍数表示息税前收益对利息费用的倍数，反映公司负债经营的财务风险程度。
一般情况下，清算价值比率越大，表明公司的综合偿债能力越强。利息支付倍数越大，表明公司偿付
借款利息的能力越强，负债经营的财务风险就小。

10.5　判断公司的盈利能力

公司的盈利能力是经营者业绩的集中体现，公司如果有较强的盈利能力，将会为公司进一步增资扩股提供有利的条件。公司盈利能力的强弱是反映公司发展前途的重要内容。

10.5.1　简单认识公司的盈利能力

盈利能力是公司获取利润的能力，称为企业的资金或资本增值能力，通常表现为一定时期内企业收益数额的多少及其水平的高低。如果公司的利润率越高，表示公司的盈利能力越强。

作为公司的管理者，通过分析盈利能力，能够发现公司经营管理中出现的问题。投资人和债权人都比较关心公司的盈利能力，对两者来说都有非常重要的意义，如图 10-11 所示。

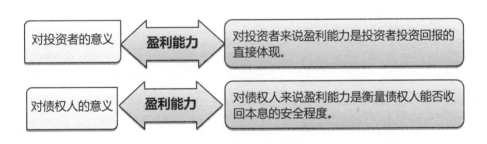

图 10-11　盈利能力对投资者和债权人的意义

10.5.2　公司的盈利能力如何计算

分析盈利能力从不同的角度，不同的分析目的可以有不同的方式。反映盈利能力的指标有很多，比如营业利润率、销售利润率、成本费用利润率和资产

总额利润率等。我们可以从指标出发，通过计算不同的指标来分析公司的盈利能力，如图 10-12 所示。

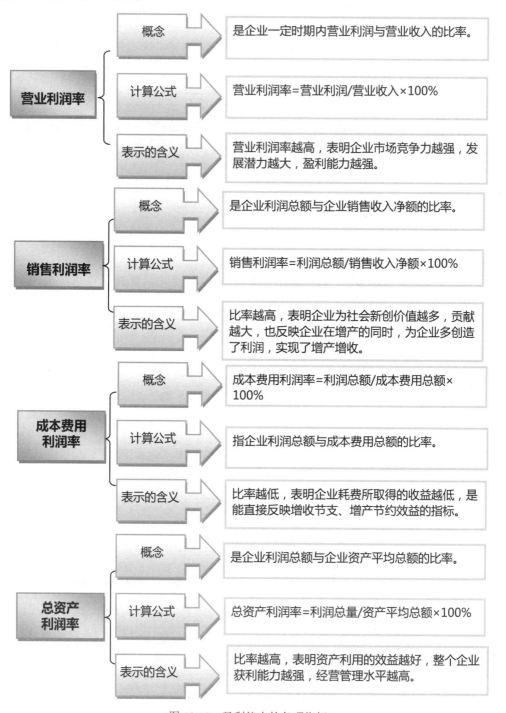

图 10-12 盈利能力的各项指标

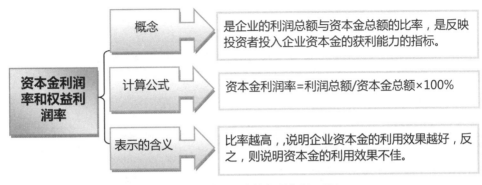

图 10-12 盈利能力的各项指标（续）

【盈利能力分析】

假设某公司在 2013 年年末和 2014 年年末时，主要财务数据如表 10-2 所示。

表 10-2 主要财务数据

	2013 年年末	2014 年年末
利润总额	567 290	459 600
资本金总额	10 054 400	11 060 400
营业利润	575 290	456 000
营业收入	3 564 200	3 876 500

由此可以计算得出，2013 年年末的资本金利润率=567 290/10 054 400×100%=5.64%，2014 年年末资本金利润率=459 600/11 060 400=4.15%。该公司的资本金利润率较低，说明资本金的利用效果不佳，资本金盈利能力不强。

并且 2014 年年末与 2013 年年末比较还呈下降趋势，这时公司要找出原因，是因为产品成本造成的，还是因为销售数量或销售价格引起的。

从表 10-2 的中数据计算得出 2013 年年末营业利润率=575 290/3 564 200×100%=16.16%，2014 年年末时营业利润率=456 000/3 876 500×100%=11.76%。该公司的营业利润率为正数，但是不是很高。市场竞争力不是很强，盈利能力不强，并且 2014 年年末比 2013 年年末时还低几个点，这表明公司盈利能力在下降。

10.6 核心：看懂公司的几大报表

财务报表是公司财务报告的主要组成部分，它对于公司的会计信息有着重要的作用。财务报表反映了公司一定时期的财务状况和经营成果，可以为管理人员了解公司的各项业务指标、为经济预测和决策提供重要的依据。

10.6.1 公司有多少资产和负债——资产负债表

公司的管理者想要了解公司目前的经营状况，可以通过查看资产负债表来了解。管理者想要知道资产负债表反映的公司财务状况是怎样的，首先就要了解资产负债表具体有哪些内容，如图 10-13 所示。

资产	行次	年初数	期末数	负债和所有者权益(或股东权益)	行次	年初数	期末数
流动资产：				流动负债：			
货币资金	1			短期借款	68		
短期投资	2			应付票据	69		
应收票据	3			应付账款	70		
应收股息	4			预收账款	71		
应收账款	6			应付工资	72		
其他应收款	7			应付福利费	73		
预付账款	8			应付利润	74		
存货	10			应交税金	76		
待摊费用	20			其他应交款	80		
一年内到期的长期债权投资	21			其他应付款	81		
其他流动资产	24			预提费用	82		
流动资产合计	31			一年内到期的长期负债	86		
长期投资：				其他流动负债	90		
长期股权投资	32			流动负债合计	100		
长期债权投资	34			长期负债：			
长期投资合计	38			长期借款	101		
固定资产：				长期应付款	103		
固定资产原价	39			其他长期负债	106		
减：累计折旧	40						
固定资产净值	41			长期负债合计	110		
工程物资	44						
在建工程	45			负债合计	114		
固定资产清理	46			所有者权益(或股东权益)：			
固定资产合计	50			实收资本	115		
无形资产及其他资产：				资本公积	120		
无形资产	51			盈余公积	121		
长期待摊费用	52			其中：法定公益金	122		
其他长期资产	53			未分配利润	123		
无形资产及其他资产合计	60			所有者权益(或股东权益)合计	124		
资产总计	65			负债和所有者权益(或股东权益)总计	135		

图 10-13 资产负债表

从图 10-13 可以看出，资产负债表是由资产、负债、所有者权益三者构成的。作为公司管理者要知道的是，资产负债表各个项目数据变动所代表的经济意义，以及变动的原因，对企业经营状况的反映程度。

公司的资产主要分为流动资产和非流动资产。对资产负债表中的项目进行初步分析，可以看出公司近期经营的初步情况。

【公司资产分析】

某一餐饮公司，资产负债表中流动资产合计为 46 890 元，非流动资产合计为 13 750 元，资产总计为 60 640 元。流动资产的比例为 77.33%，非流动资产比例为 22.67%，对应的资产结构表，如表 10-3 所示。

表 10-3 资产结构表

	年末金额	比例
流动资产合计	46 890	77.33%
非流动资产合计	13 750	22.67%
资产总计	60 640	100%

从表 10-3 中的数据来看，该公司的流动资产占资产总计的比例为 77.33%，非流动资产占资产总计的比例为 22.67%。公司的流动资产的比例较高，流动资产比例较高会占用公司大量的现金，流动资产的周转率也会相应降低，从而影响了公司的资产利用效率。

非流动资产的比例过低的话，会影响公司的活力能力，影响公司的未来发展。反过来说，如果公司非流动资产的比例远远大于流动资产的比例，说明公司非流动资产的周转率低，变现能力不强，会相应的增大公司的经营风险。

通过比较年初与年末资产各项目的比例关系，也能看出公司近期资产的初步情况，某公司的资产结构表，如表 10-4 所示。

表 10-4 资产结构表

	年初金额	比例	年末金额	比例
流动资产合计	39 580	75.68%	46 890	77.33%
非流动资产合计	12 720	24.32%	13 750	22.67%
资产总计	52 300	100%	60 640	100%

从表 10-4 可以看出，该公司的流动资产比例由年初的 75.68 增长到了 77.33%，非流动资产比例由年初的 24.32% 降低到了 22.67%。反映出公司的抗风险能力

和变现能力提高了，企业创造利润和发展机会也增强了，加速资金周转的潜力较大。

资产负债表能够揭示公司资产的来源及构成，同样也可以通过资产负债表了解公司的负债情况，公司的负债主要有两种，如图 10-14 所示。

流动负债	流动负债是指公司一年内或超过一年的一个营业周期内偿还的债务，它包括短期借款、应付票据和应付账款等。
长期负债	长期负债是指偿还期在一年或超过一年的一个营业周期以上的债务。它一般包括长期借款、应付债券和长期应付款等。

图 10-14　资产负债表中的负债项目

在看资产负债表中的负债项目时要特别注意期初与期末负债项目的变化。如果年末与年初相比负债增加很多，说明公司偿还债务的风险也在增大。

10.6.2　衡量资产与负债的三大比率

资产负债表中有三大比率，可以帮助公司管理者判断公司的获利情况和经营情况等，如图 10-15 所示。

1. 资产负债率

资产负债率也称举债经营比率，它是负债总额除以资产总额的百分比，反映在总资产中有多大比例是通过举债来筹资的。如果比率升高或较高时，表明公司生产经营资金增多，公司资金来源增大，自由资金的潜力得到进一步发挥。但是也有可能造成资金成本提高，长期负债增大，利息支出提高，企业风险增大等。

2. 所有者权益比率

所有者权益比率是公司所有者权益与资产总额的比率。该比率越大，负债比率就越小，企业的财务风险也就越小。所有者权益比率是从另一个侧面来反映企业长期财务状况和长期偿债能力。

图 10-15　资产与负债的三大比率

3．长期资产适合率

长期资产适合率是公司所有者权益和长期负债之和与固定资产与长期投资之和的比率。长期资产适合率从企业长期资产与长期资本的平衡性与协调性的角度出发，反映了企业财务结构的稳定程度和财务风险的大小。从企业资源配置结构方面反映了企业的偿债能力。

图 10-15　资产与负债的三大比率（续）

10.6.3　公司盈利还是亏本——利润表

公司是盈利还是亏本，对公司投资者、债权人来说都是很重要的。也是公司生存与发展的核心，公司的是否盈利与亏本可以通过利润表得知。利润表又称为动态报表，是公司在一定会计期间经营成果的报表。

利润表揭示了公司在某一个时期内实现的各种收入、发生的各种费用、成本或支出，以及企业实现的利润或发生的亏损情况。利润表是由收入、费用和利润 3 个会计要素构成的，具体内容如图 10-16 所示。

营业收入	反映公司经营主要业务和其他业务收入的总金额。
营业成本	反映公司经营主要业务和其他业务收入的成本总额。
营业税金及附加	反映公司经营业务时应该承担营业税，消费税等。
销售费用	反映公司销售产品及提供劳务过程中的各种费用。比如包装费、广告费等。
管理费用	反映公司为组织和管理生产经营所产生的费用。
财务费用	反映公司为筹集生产经营所需的资金而产生的筹资费用。
营业利润	反映公司在销售商品、提供劳务等日常活动中所产生的利润，是是公司利润的主要来源。

图 10-16　利润表的具体项目

| 利润总额 | 是公司在生产经营过程中各种收入扣除各种耗费后的盈余，反映公司报告期内实现的盈亏总额。 |
| 净利润 | 是指在利润总额中按照规定交纳了所得税后公司的利润留成，是衡量一个公司经营效益的主要指标。 |

图 10-16　利润表的具体项目（续）

　　知道了利润表的具体项目以后，怎样从这些数据了解一个公司的盈利和亏损就显得很重要。可以从以下 3 个方面来看，如图 10-17 所示。

从收入项目来看

• 收入的增加，则意味着公司资产的增加或负债的减少。一般情况下，只有公司的主营业务收入持续增长，才是提升公司利润的最根本方法。
• 对主营业务收入的分析，不要仅局限于表中单独的数字，还要到财务报表附注中了解主营业务收入的构成。

从费用项目来看

• 费用是公司发生的各项成本，在分析费用项目的时候，要考虑费用占营业收入的百分比，以及费用结构是否合理。
• 如果费用占主营业务收入的比重比起同行业较低，说明公司在控制成本上更具有优势。

从利润项目来看

• 利润表中的营业利润是正数就说明公司处于盈利状态，如果是负数就表示亏损，净利润是指在一定期间的收入减去成本、费用、税金后的盈余，如果是正数就表示盈利。

图 10-17　利润表的分析

【公司利润分析】

　　某公司在 2013 年年末与 2014 年年末的利润表中的某些项目数据如表 10-5 所示。

表 10-5　某公司利润表相关项目数据

	2014 年年末	2013 年年末	增减额	增减率%
营业收入	8 355 174	6 031 436	2 323 738	38.52
销售费用	851 026	806 060	44 966	5.59
管理费用	263 862	198 750	65 112	32.76
营业利润	462 430	246 787	215 643	87.38
利润总额	638 265	506 523	131 742	26.01
净利润	537 943	430 220	107 723	25.04

从表 10-5 可以看出，公司的 2014 年年末的营业收入与 2013 年年末相比增加了，营业利润的增加主要是因为营业收入在增加，营业收入在和销售费用，管理费用等相抵，使得营业利润增长率为 87.38%。同时营业利润的增长也导致了利润总额的增长。

净利润两年相比也有所增加，净利润的增长是由于利润总额的增加所引起的，表明公司盈利也在增加。

10.6.4　怎么计算公司的净利润

在利润表中净利润是一项重要的指标，净利润的多与少主要取决于两个因素，利润总额和所得税费用。净利润多，企业的经营效益就好；净利润少，企业的经营效益就差。

净利润计算公式为：

净利润=利润总额-所得税费用

利润总额=营业利润+营业外收入-营业外支出

所得税费用=利润总额×适用税率

10.6.5　公司的真金白银多不多——现金流量表

现金流量表反映的是一定时期内（如月度、季度或年度）企业经营活动、投资活动和筹资活动对其现金及现金等价物所产生影响的财务报表。现金流量表为一个公司是否健康提供了依据。

现金流量表反映了公司短期的生存能力，它对公司来说有很重要的作用，如图 10-18 所示。

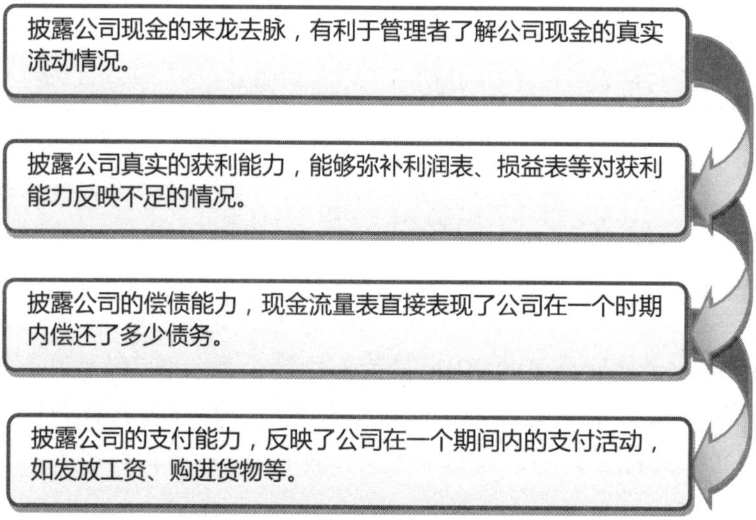
披露公司现金的来龙去脉，有利于管理者了解公司现金的真实流动情况。
披露公司真实的获利能力，能够弥补利润表、损益表等对获利能力反映不足的情况。
披露公司的偿债能力，现金流量表直接表现了公司在一个时期内偿还了多少债务。
披露公司的支付能力，反映了公司在一个期间内的支付活动，如发放工资、购进货物等。

图 10-18　现金流量表的作用

现金流量表主要反映了公司在经营、投资和筹资活动中的现金流量。每一种活动都披露了现金的流入和流出。现金流量表中的现金是指库存现金，随时可以支付存款及其他现金等价物。

一个公司是否有足够的现金流入是至关重要的，懂得并学会分析现金流量表能够帮助公司管理者预测未来获取现金的能力，如图 10-19 所示。

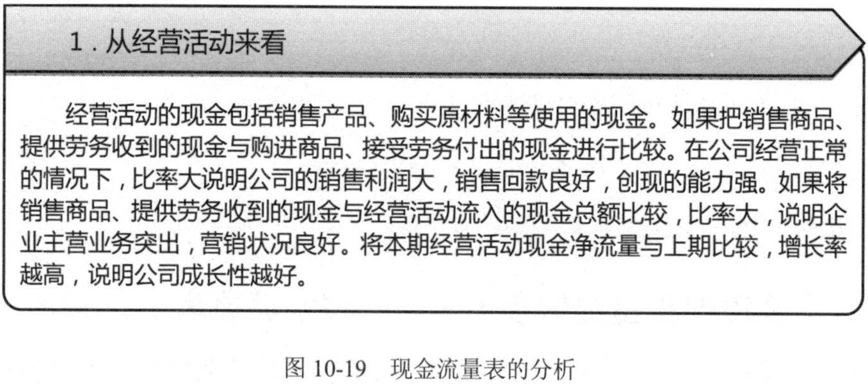
1．从经营活动来看
经营活动的现金包括销售产品、购买原材料等使用的现金。如果把销售商品、提供劳务收到的现金与购进商品、接受劳务付出的现金进行比较。在公司经营正常的情况下，比率大说明公司的销售利润大，销售回款良好，创现的能力强。如果将销售商品、提供劳务收到的现金与经营活动流入的现金总额比较，比率大，说明企业主营业务突出，营销状况良好。将本期经营活动现金净流量与上期比较，增长率越高，说明公司成长性越好。

图 10-19　现金流量表的分析

2．从投资活动来看

投资活动主要看公司实现现金流出是使用的哪种方式，比如是购买债券，还是股票等。这就要求在分析该项目的时候，结合投资项目具体分析，不能单以现金净流入还是净流出来论优劣。

3．从筹资活动来看

公司获取现金的方式除了通过业务活动产生，还可能通过筹资的方式获得。一般来说，大部分现金净流量的产生是由于筹资活动产生的，企业面临的偿债压力也会比较大。在分析时，可将吸收权益性资本收到的现金与筹资活动现金总流入比较，所占比重大，说明企业资金实力较强，财务风险较低。

图 10-19　现金流量表的分析（续）

【公司现金流量分析】

某公司 2014 年的现金流量表相关项目数据，如表 10-6 所示。

表 10-6　现金流量表相关项目数据

	2014 年	备注
经营活动现金流入	23 680	
经营活动现金流出	19 756	
经营活动现金净流量	3 924	
投资活动现金流入	15	
投资活动现金流出	650	
投资活动现金净流量	645	
筹资活动现金流入	68	全部为借款支出，无分配利润
筹资活动现金流出	79	
筹资活动现金净流量	-11	

续表

	2014 年	备注
现金流入总量	23 763	
现金流出总量	20 485	
现金净流量	3 278	

从表 10-6 可以看出，在全部现金流入量中，经营活动所占现金比重为 99.65%，投资活动所占比重为 0.07%。筹资活动所占比重 0.28%。由此可见该公司现金流入的主要来源是经营活动。说明公司的销售利润大，销售回款比较好。

在全部现金流出量中，经营活动所占比重为 96.44%，投资活动所占比重为 0.18%，筹资活动所占比重为 0.38。由此可见投资活动和筹资活动占用的流出资金很少，大部分来自于经营活动。

经营活动中现金流入与流出的比例为 1.19，这表明 1 元的现金流出可以换回 1.19 元的现金流入。说明公司的主营业务突出，营销状况比较好。

投资活动中现金流入与流出的比例为 0.23%，表明公司还处于发展期。

筹资活动的现金流入与流出比例为 0.86%，表明公司的还款大于借款。

10.6.6　如何看股东权益——所有者权益变动表

所有者权益变动表是反映公司本期（年度或中期）内至截至期末所有者权益变动情况的报表。所有者权益变动表提供了所有者权益总量增减变动的信息及所有者权益增减变动的结构性信息，同时能够反映所有者权益增减变动的根源，所有者权益变动表各项目的经济意义如图 10-20 所示。

"上年年末余额" 项目

• 反映公司上半年资产负债表中实收资本（或股本）、资本公积、盈余公积、未分配利润的年末余额。

"净利润" 项目

• 反映企业当年实现的净利润（或净亏损）金额。

图 10-20　所有者权益变动表各项目的经济意义

"所有者投入成本"项目

- 反映企业接受投资者投入形成的实收资本（或股本）和资本溢价或股本溢价。

"提取盈余公积"项目

- 反映企业按照规定提取的盈余公积。

"对所有者（或股东）的分配"项目

- 反映对所有者（或股东）分配的利润（或股利）金额。

"资本公积转增资本（或股本）"项目

- 反映企业以资本公司转增资本或股本的金额。

"盈余公积转增资本（或股本）"项目

- 反映企业以盈余公积转增资本或股本的金额。

"盈余公积弥补亏损"项目

- 反映企业以盈余公积弥补亏损的金额。

图 10-20　所有者权益变动表各项目的经济意义（续）

所有者权益的变动是公司股东最关心的问题，在看所有者权益变动表时，要注意以下要点，如图 10-21 所示。

① 当所有者权益增加时要了解，是所有者投入增加引起的，还是因为公司盈利增加而引起的。如果是盈利增加引起的所有者权益变动，则表明公司可持续发展的前景可能较好。

② 还要注意内部项目间相互转换的财务效应，如果内部项目结转的结果是公司股本数量的增加，对公司股权价值会带来有利的影响。

③ 会计决策的变更也会对所有者权益产生影响，如果这一个年度期间内，差错更正事项出现频繁，有可能是因为公司蓄意调整利润。

图 10-21　看所有者权益变动表时的注意事项

【公司所有者权益变动分析】

某公司的 2013 年年末与 2014 年年初所有者权益变动表中的一些项目数据，如表 10-7 所示。

表 10-7　所有者权益变动表的一些项目数据

	2013 年年末余额	2014 年年初余额
股本	3 000	3 000
资本公积	6 000	6 000
盈余公积	650	600
未分配利润	340	320
所有者权益合计	9 990	9 920

从表 10-7 可以计算出，该公司的所有者权益 2013 年年末比 2014 年年初所有者权益增加了 70，其中盈余公积增加了 50，未分配利润增加了 20。所有者权益增加的原因不是投入增加造成的，进而说明了该公司的可持续发展的前景比较好。